新・現場からの
調理フランス語　別冊

調理用単語集

（仏・英・伊）

IECF

この単語集の使い方

フランス料理を学ぶために必要と思われる単語を幅広く選び、英語とイタリア語も併記したが、覚える際の目安として次のように分けて印をつけているので目的に合せて活用してもらいたい。

＊・・・フランス料理の基礎を学ぶための必須単語。
　　　テキスト「調理フランス語　Le français pour la restauration」の基礎を学ぶ際の必須単語

◇・・・さらに専門的にフランス料理を学ぶために必要と思われる単語。
　　　テキスト「調理フランス語　Le français pour la restauration」の上級編を学ぶ際の必須単語

（注）(U)はアメリカ英語、(B)はイギリス英語を示す。

もくじ

肉の部位　（イラスト）

野菜類	Légumes	4
ハーブ類	Hérbes（aromatiques）	6
穀類	Céréales	6
果物類	Fruits	8
魚類、甲殻類、貝類	Poissons, Crustacés, Coquillages	10
肉類、家禽類、臓物類	Viandes, Volailles, Abats	12
スパイス、調味料	Epices, Condiments	16
乳製品	Produits laitiers	18
アルコール類	Alcools	18
その他の材料	Autres ingrédients	20
切り方	Façon de tailler	20
動詞	Verbes	22
形容詞	Adjectifs	26
調理器具	Ustensiles	26
料理・デザート名	Nom de plats	30
その他	Mots divers	34

肉の部位

Bœuf（ブフ） 牛肉

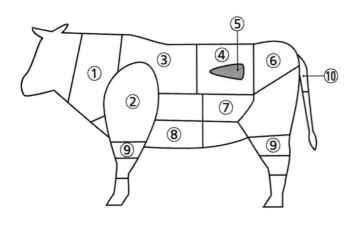

① collier（コリエ）　　頸部（首）肉
② épaule（エポール）　　肩肉
③ côte（コートゥ）　　骨付き背肉
④ faux-filet（フォフィレ）（contre-filet コントルフィレ）　　サーロイン
⑤ filet（フィレ）　　フィレ肉
⑥ rumsteck（ロムステック）　　ランプ
⑦ bavette（バヴェットゥ）　　上方腹部肉
⑧ poitrine（ポワトリーヌ）　　胸部肉
⑨ jarret（ジャレ）　　すね肉
⑩ queue（ク）　　尾（テール）肉

Veau（ヴォ） 仔牛肉

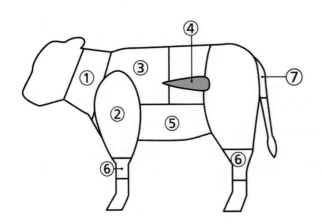

① collier（コリエ）　　頸部（首）肉
② épaule（エポール）　　肩肉
③ côte（コートゥ）　　骨付き背肉
④ filet（フィレ）　　フィレ肉
⑤ poitrine（ポワトリーヌ）　　胸部肉
⑥ jarret（ジャレ）　　すね肉
⑦ queue（ク）　　尾（テール）肉

Agneau 仔羊肉（アニョ）

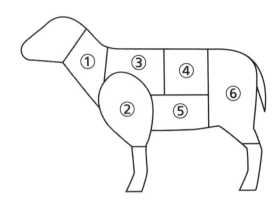

① collier（コリエ） 頸部（首）肉
② épaule（エポール） 肩肉
③ carré（カレ） 骨付き背肉
④ selle（セル） 鞍下肉
⑤ poitrine（ポワトリーヌ） 胸部肉
⑥ gigot（ジゴ） もも肉

Porc 豚肉（ポール）

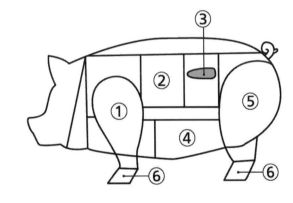

① épaule（エポール） 肩肉
② carré（カレ） 骨付き背肉
③ filet（フィレ） フィレ肉
④ poitrine（ポワトリーヌ） 胸部肉
⑤ jambon（ジャンボン） もも肉
⑥ pied（ピエ） 足

Poulet 鶏肉（プレ）

① blanc（suprême）（ブラン スュプレーム） 胸肉
② aile（エル） 手羽肉
③ cuisse（キュイス） もも肉
④ sot-l'y-laisse（ソリレス） ソリレス：尾羽の付け根肉

フランス語	発音	英語
*LÉGUMES	レギューム	ヴェジタブルズ vegetables
*ail	アイユ	ガーリック garlic
◇artichaut	アルティショ	アーティチョウク artichoke
*asperge	アスペルジュ	アスパラガス asparagus
*aubergine	オベルジーヌ	エッグプラント (U)　オゥバジーン eggplant (U) / aubergine (B)
betterave	ベトラーヴ	ビート (U)　ビート ルート beet (U) / beet root (B)
brocoli	ブロッコリ	ブロッコリー broccoli / brocoli
*carotte	キャロットゥ	キャロット carrot
◇céleri	セルリ	セ ル リ celery
céleri-rave	セルリ ラーヴ	セレリアック celeriac
◇cèpe	セップ	セップ cep
*champignon	シャンピニョン	マッシュルーム mushroom
*champignon de Paris	シャンピニョン ドゥ パリ	マッシュルーム mushroom
chicorée	シコレ	チ コ リ　エンダイヴ chicory (U) / endive (B)
*chou	シュー	キャベッジ cabbage
choux de Bruxelles	シュー ドゥ ブリュッセル	ブラッスルズ スプラウツ Brussels sprouts
*chou-fleur	シュー フルール	カリフラゥア cauliflower
*concombre	コンコンブル	キューカンバー cucumber
*courgette	クルジェットゥ	ズッキーニ (U)　クジェット zucchini (U) / courgette (B)
cresson	クレソン	ウオータークレス watercress
*échalote	エシャロットゥ	シャラット shallot
◇endive	アンディーヴ	エンダイヴ (U)　チ コ リ endive (U) / chicory (B)
*épinard(s)	エピナール	スピニッチ spinach
◇fève	フェーヴ	ブロード ビーン broad bean
girolle	ジロル	シャンタレル chanterelle
*haricot(s)vert(s)	アリコ ヴェール	フレンチ ビーン(ズ) (B)　グリーン ビーン(ズ) French bean(s) (B) / green bean(s) (U)
haricot(s)blanc(s)	アリコ ブラン	ネイヴィー ビーン(ズ) navy bean(s)
◇laitue	レテュ	レ タ ス lettuce
*lentille(s)	ランティーユ	レントゥル ズ lentil (s)
mâche	マーシュ	ラ ム ズ レ タ ス　コーン サラド lamb's lettuce / corn salad
morille	モリーユ	モレル morel
◇navet	ナヴェ	ターニップ turnip
*oignon	オニヨン	アニャン onion
olive	オリーヴ	アリヴ olive
*petits pois	プティ ポワ	グリーン ビーズ green peas

イタリア語	日本語訳
ヴェルドゥーレ verdure	野菜類
アッリオ aglio	ニンニク（大蒜）
カルチョーホ carciofo	アーティチョーク、朝鮮アザミ
アスパラーゴ asparago	アスパラガス
メランザーナ melanzana	ナス（茄子）
ビエータ bieta	ビート、ビーツ、テンサイ
ブロッコロ broccolo	ブロッコリー
カロータ carota	人参
セダノ sedano	セロリ
セダノ ラーパ sedano rapa	根セロリ
ポルチーノ　ポルチーニ porcino（porcini）	セープ茸
フンゴ　フンギ fungo（funghi）	キノコ
シャンピニョン　プラタイオーロ champignon / prataiolo	マッシュルーム
インディーヴィア indivia	エンダイブ、キクヂシャ（chicorée frisée）
カーヴォロ cavolo	キャベツ
カヴォリーニ ディ ブリュッセル cavolini di Bruxelles	芽キャベツ
カヴォルフィオーレ cavolfiore	カリフラワー
チェトリオーロ cetriolo	キュウリ（胡瓜）
ズッキーナ zucchina	ズッキーニ
クレッショーネ crescione	クレッソン
スカローニョ scalogno	エシャロット
インディーヴィア indivia	アンディーヴ、チコリ
スピナーチョ　スピナーチ spinacio（spinaci）	ホウレン草
ファーヴァ　ファーヴェ fava（fave）	そら豆
カンタレッロ cantarello	ジロル茸、アンズ茸
ファジョリーノ　ファジョリーニ fagiolino（fagiolini）	サヤインゲン（鞘隠元）
ファジョーリ ビアンキ fagioli bianchi	白インゲン
ラットゥーガ lattuga	レタス
レンティッキア　レンティッキエ lenticchia（lenticchie）	レンズ豆
ヴァレリアネッラ　ドルチェッタ valerianella / dolcetta	マーシュ、コーンサラダ
スプニョーラ spugnola	モリーユ茸、アミガサ茸
ラーパ rapa	カブ（蕪）
チポッラ cipolla	玉葱
オリーヴァ oliva	オリーブ
ピセッロ　ピセッリ pisello / piselli	グリーンピース

フランス語	発音	英語
pois chiche(s)	ポワ シシュ	チックピー(ズ) chickpea(s)
pois mange-tout	ポワ マンジュ トゥ	ガードゥン ピー garden pea
＊poireau	ポワロ	リーク leek
＊poivron	ポワヴロン	スウィート ペッパー sweet pepper
＊pomme de terre	ポム ドゥ テール	ポティトゥ potato
◇potiron/citrouille	ポティロン / シトルイユ	パンプキン pumpkin
＊radis	ラディ	ラディシュ radish
◇roquette	ロケットゥ	ロケット rocket
soja(s)	ソジャ	ソイヤ ソイ ビーン(ズ) soya (soy) bean(s)
＊tomate	トマトゥ	トメイトゥ tomato
trévise	トレヴィーズ	ラディッキオゥ レタス radicchio lettuce
＊truffe	トリュフ	トラッフル truffle
＊HERBES (AROMATIQUES)	エルブ (アロマティック)	ハーブズ herbs
◇aneth	アネットゥ	ディル dill
＊basilic	バズィリック	バズル basil
＊ciboulette	スィブレットゥ	チャイブ chive
＊cerfeuil	セルフィユ	チャーヴィル chervil
＊estragon	エストラゴン	タラガン tarragon
＊fenouil	フヌイユ	フェヌル fennel
◇fines herbes	フィーヌゼルブ	フィーン (ゼ)エーブ fines herbes
＊gingembre	ジャンジャンブル	ジンジャー ginger
◇laurier	ロリエ	ベイ リーフ bay leaf
marjolaine	マルジョレーヌ	マージョラム marjoram
＊menthe	マントゥ	ミント mint
◇oseille	オゼイユ	ソレル sorrel
＊persil	ペルスィ	パースリ parsley
raifort	レフォール	ホースラディッシュ horseradish
◇romarin	ロマラン	ロウズメリ rosemary
＊sauge	ソージュ	セイジ sage
＊thym	タン	タイム thyme
CÉRÉALES	セレアル	グレイン grain
blé	ブレ	ウィート コーン wheat (U) / corn (B)
maïs	マイス	コーン corn

イタリア語	日本語訳
<ruby>ceci<rt>チェーチ</rt></ruby>	ヒヨコ豆、エジプト豆
taccola / pisello mangiatutto（タッコラ ピセッロ マンジャトゥット）	絹サヤ、サヤエンドウ（鞘豌豆）
porro（ポッロ）	ポロ葱、リーキ
peperone（ペペローネ）	ピーマン
patata（パタータ）	ジャガイモ
zucca（ズッカ）	カボチャ（南瓜）
ravanello（ラヴァネッロ）	ラディッシュ、大根
rucola（ルーコラ）	ルッコラ、ロケットサラダ
soia（soie）（ソイア ソイエ）	大豆
pomodoro（ポモドーロ）	トマト
radicchio rosso（ラディッキオ ロッソ）	トレビス
tartufo（タルトゥーフォ）	トリュフ
erbe aromatiche（エルベ アロマティケ）	ハーブ類
aneto（アネート）	アネット、ディル
basilico（バジリコ）	バジリコ、バジル
erba cipollina（エルバ チポッリーナ）	シブレット、あさつき、チャイブ
cerfoglio（チェルフォーリオ）	セルフィーユ、チャービル
estragone / dragoncello（エストラゴーネ ドラゴンチェッロ）	エストラゴン、タラゴン
finocchio（フィノッキオ）	ウイキョウ、フェンネル
erbe fini（エルベ フィーニ）	フィーヌゼルブ：セルフィーユ、シブレット、エストラゴン、パセリを刻んだもの
zenzero（ゼンゼロ）	生姜
alloro / lauro（アローロ ラウロ）	ローリエ、ベイリーフ、月桂樹
maggiorana（マッジョラーナ）	マジョラム
menta（メンタ）	ミント、ハッカ
acetosa（アチェトーサ）	オゼイユ、スカンポ、スイバ
prezzemolo（プレッツェーモロ）	パセリ
rafano（ラファノ）	西洋ワサビ、ホースラディッシュ
rosmarino（ロズマリーノ）	ローズマリー
salvia（サルヴィア）	セージ
timo（ティーモ）	タイム
cereale（チェレアーレ）	穀類
grano（グラノ）	小麦
granturco（グラントゥルコ）	トウモロコシ

フランス語	発音	英語
*riz	リ	ライス rice
riz sauvage	リ ソヴァージュ	ワイルド ライス wild rice
sarrasin	サラザン	バックウィート buckwheat
*FRUITS	フリュイ	フルーツ fruits
✧abricot	アブリコ	エイプリカット apricot
amande	アマンドゥ	アーモンド almond
✧ananas	アナナ（アナナス）	パイナアプル pineapple
✧avocat	アヴォカ	アヴォカードゥ avocado
banane	バナーヌ	バナーナ banana
*cassis	カスィス	ブラックカーラント　カシス blackcurrant / cassis
*cerise	スリーズ	チェリー cherry
✧châtaigne / marron	シャテーニュ / マロン	チェスナット chestnut
*citron	スィトロン	レモン lemon
citron vert	スィトロン　ヴェール	ライム lime
*figue	フィーグ	フィグ fig
*fraise	フレーズ	ストローベリー strawberry
*framboise	フランボワーズ	ラズベリー raspberry
fruit de la Passion	フリュイ ドゥ ラ パスィオン	パッションフルート passionfruit
✧mangue	マング	マンゴウ mango
*melon	ムロン	メロン melon
mûre	ミュール	ブラックベリー blackberry
*myrtille	ミルティーユ	ブルーベリー　ビルベリー blueberry / bilberry
noisette	ノワゼットゥ	ヘイズルナット hazelnut
*noix	ノワ	ウオールナット walnut
*orange	オランジュ	オーリンジ orange
✧pamplemousse	パンプルムース	グレイプフルート grapefruit
papaye	パパイユ	パパイヤ papaya
*pêche	ペーシュ	ピーチ peach
✧pistache	ピスターシュ	ピスタチオウ pistachio
*poire	ポワール	ペア pear
*pomme	ポム	アプル apple
prune	プリューヌ	プラム plum
*pruneau	プリュノ	プルーン prune
*raisin	レザン	グレイプ grape

8

イタリア語	日本語訳
リーソ riso	米
リーソ セルヴァーティコ riso selvatico	ワイルドライス
グラノ サラチェーノ grano saraceno	ソバ（蕎麦）
フルッタ frutta	果物類
アルビコッカ albicocca	アプリコット、アンズ
マンドルラ mandorla	アーモンド
アナナス ananas	パイナップル
アヴォカード avocado	アボカド
バナーナ banana	バナナ
カシス cassis	カシス、黒スグリ
チリエージャ ciliegia	サクランボ、チェリー
カスターニャ　マッローネ castagna / marrone	栗
リモーネ limone	レモン
リマ　リメッタ lima / limetta	ライム（＝lime）
フィーコ fico	イチジク
フラーゴラ fragola	イチゴ（苺）、ストロベリー
ランポーネ lampone	木イチゴ、ラズベリー
フルット デッラ パッショーネ frutto della passlone	パッションフルーツ
マンゴ mango	マンゴー
メローネ melone	メロン
モーラ mora	ブラックベリー、桑の実
ミルティッロ mirtillo	ブルーベリー
ノッチォラ nocciola	ヘーゼルナッツ、ハシバミ
ノーチェ noce	クルミ
アランチャ arancia	オレンジ
ポンペルモ pompelmo	グレープフルーツ
パパイア papaia	パパイヤ
ペスカ pesca	桃
ピスタッキオ pistacchio	ピスタチオ
ペーラ pera	洋梨
メーラ mela	リンゴ（林檎）
プルーニャ prugna	プラム、西洋スモモ
プルーニャ セッカ prugna secca	干しプラム、プルーン
ウーヴァ uva	ブドウ（葡萄）

フランス語	発音	英語
*POISSONS	ポワソン	フィッシイズ fishes
CRUSTACÉS	クリュスタセ	クラステイシャンズ crustaceans
COQUILLAGES	コキヤージュ	シェルフィシイズ shellfishes
*anchois	アンショワ	アンチョウヴィ anchovy
◇anguille	アンギーユ	イール eel
*bar/loup de mer	バール / ル ドゥ メール	シー バス sea bass
*cabillaud	キャビヨ	フレッシュ カッド (fresh) cod
◇calmar	カルマール	スクイッド squid
seiche	セーシュ	カトルフィッシュ cuttlefish
*caviar	キャヴィヤール	キャヴィアー caviar
congre	コングル	コンガー イール (conger) eel
*coquille Saint-Jacques	コキーユ サン ジャック	スカラップ scallop
◇noix de coquille Saint-Jacques	ノワ ドゥ コキーユ サンジャック	スカラップ scallop
corail	コライユ	コオラル coral
*crabe	クラーブ	クラブ crab
*crevette	クルヴェットゥ	シュリンプ プローン shrimp / prawn
*daurade(＝dorade)	ドラードゥ	シー ブリーム sea bream
◇écrevisse	エクルヴィス	クレイフィッシュ crayfish
limande / carrelet	リマンドゥ / カルレ	ダブ dab
*escargot	エスカルゴ	スネイル snail
*fruits de mer	フリュイ ドゥ メール	シー フード sea food
gambas	ガンバス	ガンバス gambas
grenouille	グルヌイユ	フロッグ frog
*homard	オマール	ロブスター lobster
*huître	ユイットル	オイスター oyster
*langouste	ラングストゥ	スパイニイ ロブスター spiny lobster
*langoustine	ラングスティーヌ	ノーウェイ ロブスター Norway lobster
◇lotte	ロットゥ	アングラ フィッシュ angler (fish)
maquereau	マクロ	マカレル mackerel
*moule	ムール	マッスル mussel
ormeau	オルモ	アバロウニ イア シェル abalone / ear shell
oursin	ウルサン	シー アーチン sea urchin
◇palourde	パルールドゥ	ショート ネック クラム (short-neck) clam
◇raie	レ	スケイト レイ skate / ray
*rouget	ルジェ	レッド マレット red mullet

10

イタリア語	日本語訳
ペッシ pesci	魚類
クロスターチェイ crostacei	甲殻類
モッルスキ molluschi	貝類
アッチューガ acciuga	アンチョビ、かたくち鰯
アングィッラ anguilla	ウナギ（鰻）
ブランズィーノ　スピーゴラ branzino / spigola	スズキ（鱸）
メルルッツォ☆ merluzzo	生タラ（鱈）（morue：塩鱈）☆干しダラ（baccalà/stoccafisso）
カラマーロ calamaro	ヤリイカ（槍烏賊）〔=calamar〕
セッピア seppia	甲イカ
カヴィアーレ caviale	キャビヤ
グロンゴ grongo	アナゴ（穴子）
カパサンタ　コンキッリアディ サン ジャコモ capasanta / conchiglia di San Giacomo	帆立貝
ノーチェディ カパサンタ noce di capasanta	帆立貝の貝柱
コラッロ corallo	（オマール海老、伊勢海老、蟹等の）みそ、（帆立貝の）わた
グランキオ granchio	蟹
ガンベレット gamberetto	エビ（海老）
オラータ orata	鯛
ガン ベロ ダ フーメ　アスタコ gambero da fume / astaco	ザリガニ
リマンダ limanda	カレイ（鰈）
ルマーカ lumaca	エスカルゴ、カタツムリ
フルッティ ディ マーレ frutti di mare	海の幸：貝類と甲殻類
ガン ベロ gambero	ガンバス：地中海産の大型のエビ（大正エビとも訳される）
ラーナ rana	蛙
アスティチェ astice	オマール海老、ロブスター
オストリカ ostrica	カキ（牡蠣）
アラゴスタ aragosta	伊勢海老
スカンポ scampo	アカザ海老、手長海老
コーダ ディ ロスポ　ラーナ ペストカトリーチェ coda di rospo / rana pescatrice	アンコウ（鮟鱇）
ズゴンブロ sgombro	鯖
コッツァ cozza	ムール貝
アリオーティデ aliotide	アワビ（鮑）
リッチョ ディ マーレ　エキーノ riccio di mare / echino	うに（雲丹）
ヴォンゴラ vongola	アサリ（浅蜊）
ラッザ razza	エイ
トリッリア triglia	ヒメジ（rouget-barbet）（糸ヨリとも訳される）

フランス語	発音	英語
◇saint-pierre	サンピエール	ジョン ドーリー John Dory
＊sardine	サルディーヌ	サーディーン sardine
＊saumon	ソモン	サ モ ン salmon
＊sole	ソル	ソウル sole
◇thon	トン	トゥーナ tuna
＊truite	トリュイットゥ	トラウト trout
truite arc-en-ciel	トリュイトゥ アルカンスィエル	レインボウ トラウト rainbow trout
◇turbot	テュルボ	ターボット turbot
barbue	バルビュ	ブリル brill
＊VIANDES	ヴィヤンドゥ	ミーツ meats
VOLAILLES	ヴォライユ	ポウルトリ poultry
ABATS	アバ	オーフル offal
＊agneau	アニョ	ラム lamb
＊bœuf	ブフ	ビーフ beef
◇bavette	バヴェットゥ	アンダーカット undercut
collier	コリエ	ネック neck
◇entrecôte	アントルコートゥ	リブ ステイク rib (steak)
＊faux-filet / contre-filet	フォ フィレ / コントルフィレ	サーロイン sirloin
ro(u)msteck	ロムステック	ランプ ステイク rump (steak)
＊filet	フィレ	フィレット fillet
◇filet mignon	フィレ ミニョン	テンダロイン tenderloin
tournedos	トゥルヌド	トゥルヌドォウ tournedos
◇chateaubriand	シャトブリャン	シャトオブリャン chateaubriand
＊porc	ポール	ポーク pork
＊veau	ヴォ	ヴィール veal
＊caille	カイユ	クウエイル quail
＊canard	カナール	ダック duck
＊caneton	カヌトン	ダックリング duckling
＊dinde	ダンドゥ	ターキー turkey
＊lapin	ラパン	ラビット rabbit
＊gibier	ジビエ	ゲイム game
chevreuil	シュヴルイユ	ヴェニスン venison
colvert (col-vert)	コルヴェール	ワイルド ダック wild duck
faisan	フザン	フェズント pheasant

イタリア語	日本語訳
<ruby>sampietro<rt>サンピエートロ</rt></ruby>	マトウ鯛（的鯛）
<ruby>sardina<rt>サルディーナ</rt></ruby>	鰯
<ruby>salmone<rt>サルモーネ</rt></ruby>	鮭
<ruby>sogliola<rt>ソーリオラ</rt></ruby>	シタビラメ〔舌平目〕
<ruby>tonno<rt>トンノ</rt></ruby>	マグロ（鮪）
<ruby>trota<rt>トロータ</rt></ruby>	マス（鱒）
<ruby>trota iridea<rt>トロータ イリデーア</rt></ruby>	ニジマス（虹鱒）
<ruby>rombo<rt>ロンボ</rt></ruby>	ターボット、テュルボ、イシビラメ
<ruby>rombo di rena<rt>ロンボ ディ レーナ</rt></ruby>	ヒラメ（ブリル）
<ruby>carni<rt>カルニ</rt></ruby>	肉類
<ruby>pollame<rt>ポッラーメ</rt></ruby>	家禽(鶏)類
<ruby>frattaglie<rt>フラッタッリエ</rt></ruby>	臓物類
<ruby>agnello<rt>アニェッロ</rt></ruby>	仔羊　<ruby>agneau de lait<rt>アニョドゥレ</rt></ruby> 乳飲み仔羊：母乳だけで育った仔羊　<ruby>mouton<rt>ムトン</rt></ruby>：羊（肉）
<ruby>manzo<rt>マンゾ</rt></ruby> / <ruby>bue<rt>ブーエ</rt></ruby>	牛肉
<ruby>pancia<rt>パンチャ</rt></ruby>	牛の上方腹部肉
<ruby>collo<rt>コッロ</rt></ruby>	ネック、頸部肉
<ruby>costata<rt>コスタータ</rt></ruby>	リブロース：日本ではサーロインと訳すことが多い
<ruby>lombata<rt>ロンバータ</rt></ruby>	サーロイン、牛の外ロース
<ruby>culaccio<rt>クラッチョ</rt></ruby>	ランプ：牛の腰肉
<ruby>filetto<rt>フィレット</rt></ruby>	フィレ：肉の場合は部位、魚の場合はおろし身
<ruby>cima di filetto<rt>チーマ ディ フィレット</rt></ruby>	フィレミニョン：牛、仔牛、豚のフィレの細い先端部分
<ruby>tournedos<rt>トゥルヌド</rt></ruby>	トゥルヌド：牛フィレの中心部
<ruby>chateaubriand<rt>シャトブリャン</rt></ruby>	シャトーブリヤン：牛フィレの最も太い部分
<ruby>maiale<rt>マイアーレ</rt></ruby>	豚肉
<ruby>vitello<rt>ヴィテッロ</rt></ruby>	仔牛
<ruby>quaglia<rt>クアッリア</rt></ruby>	ウズラ（鶉）
<ruby>anatra<rt>アナートラ</rt></ruby>	鴨
<ruby>anatorino<rt>アナトリーノ</rt></ruby>	仔鴨
<ruby>tacchino<rt>タッキーノ</rt></ruby>	七面鳥
<ruby>coniglio<rt>コニッリオ</rt></ruby>	ウサギ
<ruby>selvaggine<rt>セルヴァッジーネ</rt></ruby>	狩猟鳥獣、ジビエ
<ruby>capriolo<rt>カプリオロ</rt></ruby>	ノロ鹿
<ruby>anatra selvatica<rt>アナートラ セルヴァティカ</rt></ruby>	マガモ（真鴨）〔＝ <ruby>canard colvert<rt>カナール コルヴェール</rt></ruby>）
<ruby>fagiano<rt>ファジャーノ</rt></ruby>	キジ

フランス語	発音	英語
lièvre	リエーヴル	ヘ ア hare
perdreau	ペルドロ	ヤング パートリッジ (young) partridge
✧pintade	パンタードゥ	ギニイ ファウル guinea fowl
sanglier	サングリエ	ワイルド ボ ア wild boar
＊pigeon	ピジョン	ピジョン pigeon
＊poulet	プレ	チ キ ン chicken
＊poularde	プラルドゥ	プーラド プーラード poulard / poularde
＊coq	コック	コック cock
coqulet	コクレ	コックレル cockerel
＊poussin	プサン	プーサン poussin
＊carré	カレ	チャップ chop
cœur	クール	ハート heart
＊côte	コートゥ	リブ チャップ rib / chop
✧côtelette	コトゥレットゥ	チャップ カットレット chop / cutlet
crépine	クレピーヌ	コール caul
＊cuisse	キュイス	レッグ leg
✧épaule	エポール	ショウルダ shoulder
＊foie	フォワ	リヴァ liver
＊foie gras	フォワ グラ	フォワ グ ラ foie gras
＊jarret	ジャレ	シン ナックル shin / knuckle
✧joue	ジュ	チーク cheek
＊langue	ラング	タ ン tongue
lard	ラール	ラード lard
moelle	モワル	マ ロ ウ ボ ウ ン marrowbone
✧poitrine	ポワトリーヌ	ブレスト ベ リ breast / belly
＊queue	ク	テイル tail
＊ris	リ	スウィートブレッド sweetbread
rognon	ロニョン	キドニー kidney
＊selle	セル	サ ド ル saddle
tripe	トリップ	トライプ tripe
vessie	ヴェスィ	ブ ラ ダー bladder
＊carré d'agneau	カレ ダニョ	ロイン オブ ラム loin of lamb
✧gigot d'agneau	ジゴ ダニョ	レッグ オブ ラム leg of lamb
✧magret de canard	マグレ ドゥ カナール	ブレスト オブ ダック breast of duck
＊blanc de volaille	ブラン ドゥ ヴォライユ	ブレスト オブ チ キ ン breast of chicken

イタリア語	日本語訳
レープレ lepre	野ウサギ
ペルニチーノ pernicino	ヤマウズラ：孵化後 1 年未満
ファラオーナ faraona	ホロホロ鳥
チンギアーレ cinghiale	イノシシ（猪）　marcassin^{マルカサン}　仔イノシシ
ピッチョーネ piccione	鳩
ポッロ pollo	若鶏：生後 2~4 ヶ月・1~2 kg
ポッラストラ グラッサ pollastra grassa	肥育鶏：人工的に太らせた若い雌鶏
ガッロ gallo	雄鶏
ガッレット galletto	若い雄鶏：500~600g
ポッラストロ pollastro	ひな鶏：250~500g の若鶏
カッレー　アリスタ carré / arista	（仔羊、羊、豚等の）骨付き背肉
クオーレ cuore	心臓
コストレッタ costoletta	（牛、仔牛の肋骨に沿って切り分けた）骨付き背肉
コストレッタ costoletta	（仔牛、仔羊、豚の肋骨に沿って切り分けた）骨付き背肉
レティナ retina	網脂
コッシャ coscia	（家禽、蛙等の）もも肉
スパッラ spalla	肩肉
フェーガト fegato	肝臓、レバー
フェガト グラッソ fegato grasso	（ガチョウ、鴨の）フォワグラ　foie gras d'oie / foic gras de canard
ムスコロ（牛）/ geretto（豚） muscolo（牛）/ geretto（豚）	すね肉
グアンチア guancia	ほほ（頬）肉
リングア lingua	舌
ストルット strutto	（豚の）背脂、脂身、ラード
ミドッロ midollo	骨髄
ペット petto	胸部肉、（豚の）バラ肉
コーダ coda	尾、テール
アニメッラ animella	（仔牛、仔羊の）胸腺肉　ris de veau / ris d'agneau
ロニョーネ rognone	腎臓
コストレッテ costolette	（仔羊、羊、鹿の）鞍下肉
トリッパ trippa	胃腸
ヴェシーカ vescica	膀胱
カッレー ディ アニェッロ☆ carré di agnello	仔羊の背肉　　　☆料理名では d'agnello と書かれる場合が多い
コショット ディ アニェッロ☆ cosciotto di agnello	仔羊のもも肉　　　☆料理名では d'agnello と書かれる場合が多い
ペット ディ アナトラ☆ petto di anatra	（フォワグラ用の）鴨の胸肉　　　☆料理名では d'anatra と書かれる場合が多い
ペット ディ ポッロ petto di pollo	鶏の胸肉（=suprême de volaille）

フランス語	発音	英語
pieds de porc	ピエ ドゥ ポール	ピッグズ トロター pig's trotters
◇charcuterie	シャルキュトリ	クックトゥ ポーク ミーツ cooked pork meats
＊jambon	ジャンボン	ハ ム ham
＊lard fumé	ラール フュメ	ベイコン bacon
saucisse	ソスィス	ソーシッジ sausage
＊saucisson	ソスィソン	ソーシッジ sausage
◇ÉPICES, CONDIMENTS	エピス、コンディマン	スパイスィズ カンダメンツ spices, condiments
＊vinaigre balsamique	ヴィネーグル バルサミク	バルサミック ヴィネガー balsamic vinegar
◇bouquet garni	ブーケガルニ	ボウ ケイ ガーニー bouquet garni
cacao	カカオ	カカオゥ cacao
＊café	カフェ	コフィ coffee
＊cannelle	カネル	シ ナ モ ン cinnamon
câpre	カープル	ケイパー caper
＊chocolat	ショコラ	チョコレット chocolate
coriandre	コリアンドル	コリアンダー coriander
cornichon	コルニション	ピクル pickle
cumin	キュマン	カ ミ ン　キャラウェイ cumin / caraway
＊curry	キュリ	カリー curry
＊girofle	ジロフル	クロウヴ clove
＊miel	ミエル	ハ ニ ー honey
＊moutarde	ムタルドゥ	マスタード mustard
◇muscade	ミュスカドゥ	ナットメグ nutmeg
◇piment	ピマン	チ リ ペッパー chili pepper
＊poivre	ポワヴル	ペッパー pepper
＊safran	サフラン	サフラン saffron
＊sel	セル	ソールト salt
fleur de sel	フルール ドゥ セル	フラウア デ セル fleur de sel
＊gros sel	グロ セル	クルード　コース　ソールト crude (coarse) salt
sauce de soja	ソース ドゥ ソジャ	ソイ ソース soy sauce
＊sésame	セザム	セ サ ミ sesame
＊sucre	スュークル	シュガー sugar
sucre glace	スュークル グラス	アイシング シュガー　　カンフェクショナーズ シュガー icing suger (B) / confectioner's sugar
◇cassonade	カソナードゥ	ブラウン シュガー brown sugar
◇thé	テ	ティー tea

イタリア語	日本語訳
ピエディーノ ディ マイアレット piedino di maialetto	豚足
サルーミ salumi	豚肉加工品
プロシュット prosciutto	ハム、豚もも肉
パンチェッタ アッフミカータ pancetta affumicata	ベーコン（=poitrine fumé_{ポワトリーヌ フュメ}）
サルシッチャ salsiccia	（火を通して食べる）ソーセージ
サルシッチョーネ salsiccione	（火を通さずそのまま食べられる）ソーセージ
スペーツィエ コンディメント spezie, condimento	スパイス、調味料
アチェート バルサーミコ aceto balsamico	バルサミコ酢
マッツェット グアルニート mazzetto guarnito	ブーケガルニ、香草の束
カカーオ cacao	カカオ
カッフェ caffè	コーヒー
カンネッラ cannella	シナモン
カッペロ cappero	ケーパー
チョッコラータ cioccolata	チョコレート
コリアンドロ coriandolo	コリアンダー
ソッタチェーティ sottaceti	ピクルス、ピクルス用の小さいキュウリ
クミーノ cumino	クミン
カッリー curry	カレー
キオーディ ディ ガローファノ chiodi di garofano	丁字、クローヴ
ミエーレ miele	蜂蜜
モスタルダ　セーナペ mostarda / senape	マスタード
ノーチェ モスカータ noce moscata	ナツメグ、にくずく
ペペロンチーノ peperoncino	唐辛子　　　poivre de Cayenne_{ポワヴル ドゥ カイエンヌ}：カイエンヌペッパー
ペーペ pepe	胡椒
ザッフェラーノ zafferano	サフラン
サーレ sale	塩
フィオル ディ サーレ fior di sale	塩の花
サーレ グロッソ sale grosso	粗塩
サルサ ディ ソイア salsa di soia	醤油
セザモ sesamo	ゴマ（胡麻）
ズッケロ zucchero	砂糖
ズッケロ イン ポルヴェーレ zucchero in polvere	粉糖
ズッケロ グレッジオ zucchero greggio	粗糖
テ tè	紅茶

フランス語	発音	英語
*vanille	ヴァニーユ	ヴァニラ vanilla
*vinaigre	ヴィネーグル	ヴィネガー vinegar
◇vinaigre de vin	ヴィネーグル ドゥ ヴァン	ワイン ヴィネガー wine vinegar
PRODUITS LAITIERS	プロデュイ レティエ	デイリー プロダクツ dairy products
*beurre	ブール	バター butter
◇beurre noisette	ブール ノワゼットゥ	ブラウンド バター browned butter
crème aigre	クレーム エーグル	サウア クリーム sour cream
crème Chantilly	クレーム シャンティイ	シャンティリ クリーム Chantilly cream
*crème fraîche	クレーム フレッシュ	フレッシュ クリーム fresh cream
crème pâtissière	クレーム パティスィエール	カスタード クリーム custard cream
*fromage	フロマージュ	チーズ cheese
◇fromage frais（blanc）	フロマージュ フレ（ブラン）	フレッシュ チーズ fresh cheese
◇(fromage de)chèvre	（フロマージュ ドゥ）シェーヴル	ゴウト チーズ goat cheese
bleu	ブルー	ブルー チーズ blue cheese
*lait	レ	ミルク milk
*yaourt	ヤウール（トゥ）	ヨウガート yog(h)urt
*ALCOOLS	アルコール	アルカホル alcohol
bière	ビエール	ビア beer
*calvados	カルヴァドス	カルヴァドウス calvados
*champagne	シャンパーニュ	シャンペイン champagne
◇cidre	スィードル	サイダー　　　ハード サイダー cider (B) / hard cider (U)
*cognac	コニャック	コウニャック cognac
cointreau	コワントロ	クワーントロウ Cointreau
eau-de-vie	オ ドゥ ヴィ	リカー　　スピリッツ　　ブランディ liquor (U) / spirits (B) / brandy
*Grand Marnier	グラン マルニエ	グラン マルニエ Grand Marnier
*kirsch	キルシュ	キィアシュ kirsch
◇liqueur	リクール	リ カー liqueur
*madère	マデール	マディアラ Madeira
*porto	ポルト	ポート port
*rhum	ロム	ラ ム rum
vermouth	ヴェルムットゥ	ヴェルムース vermouth
*vin	ヴァン	ワイン wine
◇xérès	ケレス	シェリー sherry

イタリア語	日本語訳
ヴァニッリア vaniglia	ヴァニラ
アチェート aceto	ヴィネガー、酢
アチェート ディ ヴィーノ aceto di vino	ワインヴィネガー

ラッティチーニオ latticinio	乳製品
ブッロ burro	バター
ブッロ ブルチャート burro bruciato	焦がしバター
クレーマ アチダ crema acida	サワークリーム
パンナ モンタータ　シャンティイ panna montata / chantilly	（砂糖を加えた）ホイップクリーム
パンナ panna	生クリーム
クレーマ パスティッチェーラ crema pasticciera	カスタードクリーム
フォルマッジョ formaggio	チーズ
フォルマッジョ フレスコ formaggio fresco	フレッシュチーズ：熟成させないチーズ
フォルマッジョ ディ カプラ formaggio di capra	山羊乳のチーズ、シェーブル
フォルマッジョ エルボリナート formaggio erborinato	ブルーチーズ、青カビチーズ
ラッテ latte	牛乳
ヨーグルト yogurt	ヨーグルト

アルコーリチ alcolici	アルコール
ビッラ birra	ビール
カルヴァドス Calvados	カルヴァドス：シードルの蒸留酒
シャンパーニュ Champagne	シャンパン
シドロ sidro	シードル、リンゴ酒
コニャック Cognac	コニャック
コワントロ Cointreau	コワントロー：オレンジリキュール
アックアヴィーテ acquavite	蒸留酒、ブランデー
グラン マルニエ Grand Marnier	グランマルニエ：オレンジリキュール
キルシュ Kirsch	キルシュ酒：チェリーブランデー
リクオーレ liquore	リキュール
マデーラ Madera	マデラ酒
ポルト Porto	ポルト酒
ルム　ルム rum / rhum	ラム酒
ヴェルムト vermut	ベルモット：香草で香りをつけた白ワイン
ヴィーノ vino	ワイン
ヘレス Jerez	シェリー酒

フランス語	発 音	英 語
AUTRES INGRÉDIENTS	オトル ザングレディヤン	アザー イングリーディアンツ other ingredients
✧chapelure	シャプリュール	ブレッド クラムズ bread crumbs
＊farine	ファリーヌ	フラウア flour
✧fécule	フェキュル	スターチ starch
fécule de maïs	フェキュル ドゥ マイス	コーンスターチ cornstarch
＊huile	ユイル	オイル oil
✧huile d'olive	ユイル ドリーヴ	オリヴ オイル olive oil
✧levure	ルビュール	イースト yeast
＊nouille(s)	ヌイュ	ヌードル(ズ) noodle(s)
＊œuf・œufs	ウフ・ウ	エッグ egg
jaune d'œuf	ジヨーヌ ドゥフ	エッグ ヨウク (egg) yolk
blanc d'œuf	ブラン ドゥフ	エッグ ホワイト egg white
＊pâte	パートゥ	パスタ ドゥ ペイスト pasta, dough, paste
zeste	ゼストゥ	ゼスト zest
FAÇON DE TAILLER	ファソン ドゥ タイエ	カッツ アンド シェイプス cuts and shapes
aiguillette	エギュイエットゥ	エイグイレット aiguillette
＊allumette	アリュメットゥ	スティック stick
＊batonnet	バトネ	バー レクタングル bar rectangle
＊brunoise	ブリュノワーズ	ダイス dice
＊château	シャト	シャト chateau
✧darne	ダルヌ	ラウンド スィック スライス round thick slice
＊dé(s)	デ	キューブ ズ cube(s)
＊émincé	エマンセ	シン スライス thin slice
＊escalope	エスカロップ	スカロップ scallop
＊filet	フィレ	フィリット fillet
＊julienne	ジュリエンヌ	ジュリエン julienne
macédoine	マセドワーヌ	マサドワーン macedoine
＊médaillon	メダイヨン	メダイヨン medaillon
mirepoix	ミルポワ	ミ ア ポ ワ mirepoix
noisette	ノワゼットゥ	ノワゼット noisette
＊paysanne	ペイザンヌ	スィン スクウェア シェイプ thin square shape
＊quartier	カルティエ	カッティング イントゥ ウエッジズ cutting into wedges
✧rondelle	ロンデル	ラウンド スライス round / slice
✧tronçon	トロンソン	ラウンド スィック スライス round thick slice

イタリア語	日本語訳
アルトリ イングレディエンティ altri ingredienti	その他の材料
パングラッタート pangrattato	パン粉（=mie de pain） <small>ミ ドゥ パン</small>
ファリーナ farina	小麦粉
フェコラ fecola	片栗粉、澱粉
マイツェーナ maizena	コーンスターチ
オーリオ olio	油
オーリオ ドリーヴァ olio d'oliva	オリーブ油
リエーヴィト lievito	イースト、酵母
パスタ pasta	麺、ヌードル
ウオーヴォ uovo	卵
トゥオルロ tuorlo	卵黄
アルブーメ　キアーラ albume / chiara	卵白
パスタ pasta	パスタ、麺類。生地。ペースト
ペッレ pelle	（柑橘類の）外皮

モード ディ タッリアーレ modo di tagliare	切り方
フェッティーナ fettina	エギュイエット：家禽、ジビエの胸肉の薄切り
バストンチーニ bastoncini	アリュメット：4~5cm×2mm角のマッチ棒状に切ったもの
バストーニ bastoni	拍子木切り、バトネ
ダディーニ dadini	あられ切り、ブリュノワーズ：2mm~3mm角
シャト château	シャトー形：長さ6cm程の俵形に切ったもの
トロンコ tronco	（鮭、マグロ等）大きな魚の厚いぶつ切り
ダード　ダーディ dado (dadi)	さいの目切り（1.5cm角以上）
フェッティーナ　フェッタ fettina / fetta	薄切り
スカロッパ　スカロッピーナ scaloppa / scaloppina	エスカロップ：肉や魚の（比較的厚い）薄切り
フィレット filetto	フィレ：3枚または5枚に卸した魚の身
ジュリエンヌ julienne	千切り、ジュリエンヌ
マチェドーニア macedonia	マセドワーヌ：5~8mm角のさいの目切り
メダッリオーネ medaglione	メダイヨン：メダル形に輪切りにした肉や魚の切り身
	さいの目に切った香味野菜を混ぜたもの
ノワゼットゥ noisette	ノワゼット：羊、仔羊、鹿等のフィレ肉。牛、仔牛などの小円形の薄切り肉
ダドラータ dadolata	色紙切り：1cm角（=carré）
スピッキオ spicchio	櫛形切り、カルチエ
ロンデッラ rondella	輪切り
トランチャ trancia	（ヒラメ等）大きな平たい魚の骨がついたぶつ切り

フランス語	発音	英語
VERBES	ヴェルブ	ヴァーブ verb
✧arroser	アロゼ	ポー pour
＊assaisonner	アセゾネ	シーズン season
beurrer	ブレ	バター butter
＊blanchir	ブランスィール	ブランチ blanch
✧bouillir	ブイイール	ボイル boil
＊braiser	ブレゼ	ブレイズ braise
brider	ブリデ	トラス truss
caraméliser	カラメリゼ	キャラメライズ caramelize
chauffer	ショフェ	ヒート heat
＊ciseler	スィズレ	チョップ ファインリ スコアー chop finely, score
clarifier	クラリフィエ	クラリファイ clarify
colorer	コロレ	ブラウン brown
＊concasser	コンカセ	チョップ コウスリィ chop coarsely
＊confire	コンフィール	プリザーヴ preserve
＊couper	クペ	カット cut
＊cuire	キュイール	クック cook
＊déglacer	デグラセ	ディグレイズ deglaze
dégorger	デゴルジェ	ブリード ソウク bleed, soak
＊dégraisser	デグレセ	リムーヴ ザ ファット remove the fat
＊dorer	ドレ	グレイズ ブラウン egg, glaze / brown
＊désosser	デゾセ	ボウン bone
✧dresser	ドレセ	ディッシュ アップ dish up
écailler	エカイエ	スケイル scale
＊écumer	エキュメ	スキム skim
égoutter	エグテ	ストレイン ドレイン strain / drain
＊émincer	エマンセ	スライス slice
✧éplucher	エプリュシェ	ペア pare
＊étuver	エテュベ	ブレイズ braise
＊farcir	ファルスィール	スタッフ stuff
ficeler	フィスレ	タイ アップ tie up
✧flamber	フランベ	フレイム flame
✧fondre	フォンドル	メルト melt
＊fouetter	フエテ	ホィップ whip
✧frire	フリール	ディープ フライ deep-fry

イタリア語	日本語訳
ヴェルボ verbo	動詞
スプルッツァーレ spruzzare	かける、注ぐ：調理中にバターや肉汁を少しずつかける
コンディーレ condire	調味する、味付けする
インブッラーレ imburrare	バターを塗る、バターを加える
スコッターレ scottare	下茹でする
ボッリーレ bollire	（沸騰させて）茹でる
ブラザーレ brasare	（蓋をして少量の水分で弱火で）蒸し煮する
レガーレ legare	針と糸を用いて家禽等の形を整える
カラメッラーレ caramellare	（砂糖を煮詰めて）カラメルにする
リスカルダーレ　スカルダーレ riscaldare / scaldare	温める、加熱する
トリターレ　インチーデレ tritare / incidere	（野菜を）細かく刻む。魚や肉の表面に切り込みを入れる
キアリフィカーレ chiarificare	液体やバターを澄ませる
コロラーレ colorare	焼き色をつける
スペッツァーレ spezzare	粗みじんに切る
シロッパーレ sciroppare	肉を脂漬けにする、果物をシロップ漬けにする
タッリアーレ tagliare	切る
クオーチェレ cuocere	煮る、焼く等加熱処理する
デグラッサーレ deglassare	鍋の底についた旨味を（ワイン、酢水などの液体で）溶かす
ディサングアーレ dissanguare	血や不純物を取り除くため水にさらす
ディッグラッサーレ digrassare	脂分を取り除く
ドラーレ dorare	焼く前の生地に卵黄を塗る、きつね色に焼く
ディゾッサーレ disossare	骨を抜く、取り除く
スコデッラーレ scodellare	盛り付ける
スクアマーレ squamare	うろこを落とす、（カキなどの）殻を開ける
スキウマーレ schiumare	（沸騰している液体の）あくを取る
スコラーレ scolare	水気を切る
アッフェッターレ affettare	薄くスライスする
スブッチャーレ　ペラーレ sbucciare / pelare	皮をむく、不必要な部分を取り除く
ストゥファーレ stufare	（さっと炒めた後蓋をして材料の持つ水分、脂肪分で）蒸し煮する
ファルチーレ farcire	詰め物をする
レガーレ legare	ひもでしばる
フランバーレ flambare	リキュールやブランデーをかけて火をつける
ショリエレ　フォンデレ sciogliere / fondere	溶かす
フルラーレ　モンターレ frullare / montare	泡立てる
フリッジェレ friggere	揚げる

フランス語	発音	英語
＊fumer	フュメ	スモウク smoke
＊glacer	グラセ	グレイズ フリーズ glaze, freeze
＊gratiner	グラティネ	クック オウ グラトン cook au gratin
＊griller	グリエ	グリル grill
＊hacher	アシェ	ミンス mince
◇laver	ラヴェ	ワシュ wash
◇lever	ルヴェ	フィリット fillet
＊lier	リエ	スィックン thicken
＊mariner	マリネ	マリネイト marinate
◇mélanger	メランジェ	ミクス mix
mettre	メトル	プット put
◇mijoter	ミジョテ	シ マ ー simmer
◇monder	モンデ	スコールド scald
＊monter	モンテ	フィスク whisk
mouiller	ムイエ	ポ ー ウェット pour / wet
napper	ナペ	コウト coat
paner	パネ	クラ ム crumb
parfumer	パルフュメ	フレイヴァ フレイヴァ flavor (U) / flavour (B)
parsemer	パルスメ	スプリンクル sprinkle
＊passer	パセ	ストレイン strain
＊pocher	ポシェ	ポウチ poach
＊poêler	ポワレ	パン フライ pan fry
◇poivrer	ポワヴレ	ペ パ ー pepper
◇préchauffer	プレショフェ	プリヒート preheat
préparer	プレパレ	プリペア prepare
ramollir	ラモリール	ソフン soften
＊râper	ラペ	グレイト grate
réduire	レデュイール	リデュース reduce
＊rissoler	リソレ	ブラウン brown
＊rôtir	ロティール	ロウスト roast
＊saler	サレ	ソールト salt
＊sauter	ソテ	ソウテイ sauté
◇servir	セルヴィール	サ ー ヴ serve
＊suer	スュエ	スウェット sweat
tailler	タイエ	カット トリム cut / trim

イタリア語	日本語訳
<small>アッフミカーレ</small> affumicare	燻製にする
<small>グラッサーレ</small> glassare	料理に照りや艶をつける、凍らせる、冷やす
<small>グラティナーレ</small> gratinare	グラタンにする：料理の表面をパン粉やチーズなどで覆い、表面に焼き色をつける。
<small>グリッリアーレ</small> grigliare	網焼きにする、グリルする、煎る
<small>トリターレ</small> tritare	みじん切りにする
<small>ラヴァーレ</small> lavare	洗う
<small>ディリスカーレ</small> diliscare	（魚を）おろす
<small>レガーレ</small> legare	とろみ（濃度）をつける、つなぐ、あえる
<small>マリナーレ</small> marinare	マリネする
<small>メスコラーレ</small> mescolare	混ぜる
<small>メッテレ</small> mettere	入れる、置く、のせる
<small>クロジョラーレ　ソッボリーレ</small> crogiolare / sobbollire	とろ火で煮る
<small>モンダーレ</small> mondare	湯むきする（=émonder）
<small>モンターレ</small> montare	泡立てる、バターで仕上げる
<small>バニャーレ</small> bagnare	調理中の材料に液体を加える
<small>コプリーレ</small> coprire	ソース、クリーム等を料理全体にかける
<small>インパナーレ　パナーレ</small> impanare / panare	パン粉をつける
<small>プロフマーレ</small> profumare	香りをつける
<small>スポルヴェラーレ</small> spolverare	散らしかける
<small>フィルトラーレ</small> filtrare	漉す
<small>アッフォガーレ</small> affogare	煮立たせずに煮る
<small>クオーチェレ アル テガーメ</small> cuocere al tegame	フライパンで炒める、蒸し焼きにする
<small>ペパーレ</small> pepare	胡椒を加える
<small>プレリスカルダーレ</small> preriscaldare	あらかじめ熱する
<small>プレパラーレ</small> preparare	準備する
<small>アッモッリーレ</small> ammollire	柔らかくする
<small>グラットゥジャーレ</small> grattugiare	卸す
<small>リドゥッレ</small> ridurre	煮詰める
<small>ロゾラーレ</small> rosolare	強火で焼き色をつける（=revenir）
<small>アッロスティーレ</small> arrostire	ローストする
<small>サラーレ</small> salare	塩を加える
<small>サルターレ</small> saltare	強火で炒める
<small>セルヴィーレ</small> servire	サービスする
<small>スダーレ</small> sudare	野菜を油と共に熱し水分を出させる
<small>タッリアーレ</small> tagliare	切る、切りそろえる

フランス語	発音	英語
*tamiser	タミゼ	シフト シーヴ sift / sieve
*tourner	トゥルネ	カット オフ ズィ エッジズ cut off the edges
*trancher	トランシェ	スライス slice
*vider	ヴィデ	ガット gut
ADJECTIF	アドジェクティフ	アジェクティヴ adjective
*blanc・blanche	ブラン・ブランシュ	ホワイト white
*rouge	ルージュ	レッド red
*vert(e)	ヴェール（トゥ）	グリーン green
*jaune	ジョーヌ	イエロウ yellow
*noir(e)	ノワール	ブラック black
brun・brune	ブラン・ブリュヌ	ブラウン brown
*chaud(e)	ショ（ドゥ）	ホット hot
*froid(e)	フロワ（ドゥ）	コウルド cold
◇tiède	ティエードゥ	テピッド tepid
*cru(e)	クリュ	ロー raw
*frais・fraîche	フレ・フレッシュ	フレッシュ fresh
◇léger・légère	レジェ・レジェール	ライト light
*sec・sèche	セック・セッシュ	ドライ dry
*grand(e)	グラン（ドゥ）	ビッグ big
*petit(e)	プティ（トゥ）	スモール small
◇nouveau・nouvel・nouvelle	ヌヴォ・ヌヴェル・ヌヴェル	ニュー new
◇croustillant(e)	クルスティヤン（トゥ）	クラスティ crusty
croquant(e)	クロカン（トゥ）	クリスプ crisp
doux・douce	ドゥ・ドゥース	マイルド スウィート mild / sweet
aigre	エグル	サウア sour
aigre-doux・aigre-douce	エグルドゥ・エグルドゥース	スウィート アンド サウア sweet and sour
fort(e)	フォール（トゥ）	ストロング strong
maigre	メグル	スィン リーン thin, lean
mou・mol・molle	ム・モル・モル	ソフト soft
◇piquant(e)	ピカン（トゥ）	ホット パンジャント hot, pungent
◇printanier(ère)	プランタニエ（ール）	スプリング spring
◇USTENSILES	ユスタンスィル	ユテンシルズ utensils
*assiette	アスィエットゥ	プレイト plate

イタリア語	日本語訳
パッサーレ passare	篩いにかける、裏ごしする
	面取りする、飾り切りする
アッフェッターレ affettare	スライスする
スヴェントラーレ sventrare	内臓を取り除く、中身を取り除く
アッジェッティーヴォ aggettivo	形容詞
ビアンコ　ビアンカ bianco（bianca）	白い
ロッソ　ロッサ rosso（rossa）	赤い
ヴェルデ verde	緑の
ジャッロ　ジャッラ giallo（gialla）	黄色い
ネーロ　ネーラ nero（nera）	黒い
ブルーノ　ブルーナ bruno（bruna）	褐色の、ブラウンの
カルド　カルダ caldo（calda）	熱い、温製の
フレッド　フレッダ freddo（fredda）	冷たい、冷製の
ティエービド　ティエービダ tiepido（tiepida）	（生）温かい
クルード　クルーダ crudo（cruda）	生の
フレスコ　フレスカ fresco（fresca）	新鮮な、生の、冷たい
レッジェーロ　レッジェーラ leggero（leggera）	軽い
セッコ　セッカ secco（secca）	乾いた、辛口の
グランデ grande	大きい
ピッコロ　ピッコラ piccolo（piccola）	小さい
ヌオーヴォ　ヌオーヴァ nuovo（nuova）	新しい
クロッカンテ croccante	カリッとした、パリパリした
クロッカンテ croccante	カリカリ（こりこり）した、歯ごたえのある
ドルチェ dolce	甘い、甘口の、マイルドな
アグロ　アグラ agro（agra）	酸っぱい
アグロドルチェ agrodolce	甘酸っぱい
フォルテ forte	濃い、辛い、強い
マグロ　マグラ magro（magra）	やせた、脂肪分の少ない
モッレ molle	柔かい
ピッカンテ piccante	（味が）辛い、ぴりっとした
プリマヴェリーレ primaverile	春の
ウテンシーリ utensili	調理器具
ピアット piatto	皿

フランス語	発 音	英 語
bain-marie	バンマリ	ベイン マリー bain-marie
balance	バランス	スケイルズ scales
bassin	バサン	ベイスン ボウル basin / bowl
*casserole	カスロール	カッセロール ソースパン casserole / saucepan
*cercle	セルクル	サークル リング circle / ring
*chinois	シノワ	シーンワ ストレイナー chinois strainer
*ciseaux	スィゾ	シザーズ scissors
◇cocotte	ココットゥ	ココット ラミキン cocotte, ramekin
◇congélateur	コンジェラトゥール	フリーザー freezer
*couteau	クト	ナイフ knife
*couteau d'office	クト ドフィス	ペティ ナイフ petty knife
*couteau économe	クト エコノム	ピーラー peeler
*cuiller(ère)	キュイエール	スプーン spoon
◇cuiller à soupe	キュイエール ア スープ	スープ スプーン soup spoon
cuiller à café	キュイエール ア カフェ	カフィ スプーン coffee spoon
*écumoire	エキュモワール	スキマー skimmer
film	フィルム	プラスティック ラップ クリング フィルム plastic wrap (U) / cling film (B)
*fouet	フエ	フィスク whisk
*four	フール	オヴン oven
fourchette	フルシェットゥ	フォーク fork
*louche	ルーシュ	レイドル ladle
◇mandoline	マンドリーヌ	マンドリン mandolin
*marmite	マルミットゥ	マーマイト marmite
◇(four à)micro-ondes	(フール ア) ミクロ オンドゥ	マイクロウェイヴ オヴン microwave oven
mixeur(mixer)	ミクスール	ブレンダー リクゥイダイザー blender (U) / liquidizer (B)
*moule	ムール	モウルド モウルド mold (U) / mould (B)
moulin à légumes	ムーラン ナ レギューム	ヴェジタブル ミル vegetable mill
◇palette	パレットゥ	パレット ナイフ palette knife
papier absorbant	パピエ アプソルバン	ペイパー タウル paper towel
papier cuisson	パピエ キュイソン	ベイキング ペイパァ baking paper
papier d'aluminium	パピエ ダリュミニョム	アリュミニヨム フォイル aluminium foil
*passoire	パソワール	ストレイナー strainer
*pinceau	パンソ	ブラッシュ brush
*planche	プランシュ	チョッピング カティング ボード chopping (cutting) board
◇plaque	プラック	ベイキング トレイ baking tray

イタリア語	日本語訳
バニョマリーア bagnomaria	湯煎鍋
ビランチャ bilancia	はかり
バチーノ bacino	ボール
カッセルオーラ casseruola	片手鍋、カセロール
チェルキオ cerchio	セルクル、輪型
シノワ　コラブロード chinois / colabrodo	シノワ、漉し器
フォルビィチ forbici	はさみ
ココット　ココッティーナ cocotte / cocottina	ココット鍋（煮込み鍋）、小型の円形または楕円形の耐熱容器
フリーザー　コンジェラトーレ freezer / congelatore	冷凍庫、フリーザー
コルテッロ coltello	包丁、ナイフ
コルテッリーノ coltellino	ペティナイフ
ペラパターテ pelapatate	皮むき器、ピーラー
クッキアイオ cucchiaio	スプーン
クッキアイオ　ダ　ターヴォラ cucchiaio da tavola	スープ用スプーン、大匙
クッキアイーノ　ダ　カフェ cucchiaino da caffè	コーヒー用スプーン、小匙
スキウマイオーラ schiumaiola	穴杓子、穴あきレードル
ペッリーコラ pellicola	ラップ
フルスタ frusta	泡立て器、ホイッパー
フォルノ forno	オーブン
フォルケッタ forchetta	フォーク
メストロ mestolo	杓子、レードル
アフェッタヴェルドゥーレ affettaverdure	野菜用スライサー
ペントラ pentola	寸胴鍋
フォルノ　ア　ミクロオンデ forno a microonde	電子レンジ
フルッラトーレ frullatore	ミキサー
スタンポ stampo	（ケーキ等の）型
パッサヴェルドゥーレ passaverdure	野菜ミル
パレッタ paletta	パレットナイフ
カルタ　アッソルベンテ carta assorbente	キッチンペーパー
カルタ　ダ　フォルノ carta da forno	ベーキングペーパー
カルタ　スタニョーラ carta stagnola	アルミホイル
スコリーノ　パッシーノ scolino / passino	水切り、こし器、パソワール
ペンネッロ pennello	刷毛
タッリエーレ tagliere	まな板、板
プラッカ placca	プレート、天板、バット

フランス語	発音	英語
◇plat	プラ	ディッシュ dish
＊plat à sauter	プラ ア ソテ	ソウテイ パン saute pan
◇plateau	プラト	トレイ tray
poche à douille	ポシュ ア ドゥイユ	パイピング バッグ piping bag
＊poêle	ポワル	フライング パン frying pan
＊râpe	ラープ	グレイター grater
＊réfrigérateur	レフリジェラトゥール	リフリジャレイタ refrigerator
◇robot-coupe	ロボ クープ	フード プラセッサー food processor
＊rondeau	ロンド	ポット pot
＊rouleau	ルロ	ロウリング ピン rolling pin
＊salamandre	サラマンドル	サラマンダー salamander
＊sauteuse	ソトゥーズ	ソース パン sauce pan
◇sorbétière	ソルベティエール	アイス クリーム メイカー ice cream maker
＊spatule	スパチュル	スパチュラ spatula
＊spatule en bois	スパチュル アン ボワ	ウ ド ン スパチュラ wooden spatula
＊spatule maryse	スパチュル マリーズ	ラ バー スパチュラ rubber spatula
＊tamis	タミ	シ ヴ sieve
tire-bouchon	ティール ブション	カップ オウプナ ボトル オウプナ cap opner / bottle opner
＊torchon	トルション	ディッシュ タウアル ディッシュクロス dish towel / dishcloth

NOM DE PLATS	ノン ドゥ プラ	ネイム オブ ディッシュイズ name of dishes
aspic	アスピック	アスピック aspic
＊bavarois	バヴァロワ	バ ヴ ワー バヴェリアン クリーム bavarois / Bavarian cream
◇beignet	ベニエ	フリタァ fritter
bisque	ビスク	ビス ク bisque
◇blanquette	ブランケットゥ	ブランケット blanquette
bouchée	ブーシェ	ブーシェイ bouchée
brochette	ブロシェットゥ	ブロゥシェット brochette
canapé	カナペ	カナペイ canapé
chaud-froid	ショーフロワ	ショ フ ルワ chaudfroid
＊compote	コンポートゥ	カンポウト compote
＊confit	コンフィ	コンフィ confit
＊consommé	コンソメ	コン ソ メイ consommé
coquille	コキーユ	コウキール coquille
◇coulis	クーリ	クー リ coulis

イタリア語	日本語訳
ピアット piatto	大皿、盛り皿、料理
ソトワール sautoir	ソテー鍋（ソトワール=sautoir）、ソテーパン
ヴァッソイオ vassoio	盆、トレイ
タスカ ダ パスティッチェーレ tasca da pasticciere	口金付き絞り出し袋
パデッラ padella	フライパン
グラットゥージャ grattugia	卸し金
フリゴリーフェロ frigorifero	冷蔵庫（フリジデール=frigidaire, フリゴ frigo）
カッター　トリタトゥット cutter / tritatutto	フードプロセッサー
テガーメ tegame	両手鍋
マッテレッロ matterello	麺棒
サラマンドラ salamandra	サラマンダー
ソトゥーズ sauteuse	ソテー用フライパン、ソースパン
ジェラティエーラ gelatiera	アイスクリーマー（ソルプティエール sorbetière）
スパートラ spatola	へら、フライ返し
スパートラ ディ レーニョ spatola di legno	木べら
スパートラ エラスティカ spatola elastica	ゴムベラ
セタッチョ setaccio	篩い、裏漉し
カヴァタッピ　アプリボッティッリエ cavatappi / apribottiglie	栓抜き
カノヴァッチョ canovaccio	布巾

ノーメ ディ ピアッティ nome di piatti	料理名
アスピック aspic	アスピック：ゼラチン分を固めて肉等の表面を飾ったりテリーヌ型で仕上げる料理
ババレーゼ bavarese	ババロワ
フリッテッラ frittella	衣揚げ、フリッター
ビスク bisque	ビスク：甲殻類のスープ
ブランケットゥ blanquette	ブランケット：仔牛、仔羊、家禽等のホワイトソース煮込み
トルティーナ tortina	一口パイ、ブーシェ
スピエード　スピエディーノ spiedo / spiedino	ブロシェット：串焼き
クロスティーノ　カナペ crostino / canapè	カナッペ
ショ フロワ chaud-froid	ショーフロワ：材料を加熱してから冷まし、ゼリーで固めて供する冷製料理
コンポスタ composta	コンポート：果物のシロップ煮
コンフィ confit	コンフィ：①肉を脂で煮て脂漬けしたもの　②果物、野菜などの砂糖漬け
ブロード リストレット　コンソメ brodo ristretto / consomme	コンソメ
コンキッリア conchiglia	コキーユ：帆立貝の殻や貝殻形の皿に入れて焼き色をつけた料理
クーリ coulis	クーリ：野菜や甲殻類のピュレ、デザートソース用フルーツのピュレ

フランス語	発 音	英 語
＊crème	クレーム	クリーム スープ クリーム cream soup, cream
＊crêpe	クレープ	クレイプ crêpe
croquette	クロケットゥ	クロウケット croquette
✧étuvée	エチュベ	ブレイズド braised
✧feuilleté	フイユテ	パイ pie
✧fondant	フォンダン	フォンダント fondant
✧fricassée	フリカセ	フリカシー fricassee
galantine	ガランティーヌ	ギャランティーン galantine
galette	ガレットゥ	ギャレット galette
＊gâteau	ガト	ケイク cake
✧gelée	ジュレ	ジェリイ jelly
＊glace	グラス	アイスクリーム ice cream
granité	グラニテ	グラニータ granita
＊gratin	グラタン	グラトン gratin
✧millefeuille	ミルフイユ	ミルフィーユ millefeuille
＊mousse	ムース	ムース mousse
＊omelette	オムレットゥ	オムレット omelet
＊pâté	パテ	パテイ pâté
＊potage	ポタージュ	ポウタージュ potage
✧pot-au-feu	ポトフ	ポト ウ フ pot-au-feu
quenelle	クネル	ク ネ ル quenelle
＊quiche	キッシュ	キーシュ quiche
ragoût	ラグ	ステュー stew
＊rôti	ロティ	ロウスト roast
sabayon	サバイヨン	サバイヤン sabayon
＊salade	サラドゥ	サラッド salad
＊sauté	ソテ	ソウテイ sauté
＊sorbet	ソルベ	シャーベット sherbet
soufflé	スフレ	スフレイ soufflé
＊soupe	スープ	スープ soup
steak/bifteck	ステック / ビフテック	ステイク ビーフ ステイク steak / beef steak
＊tarte	タルトゥ	タート tart
＊terrine	テリーヌ	テリーン terrine
velouté	ヴルテ	ヴルーティ velouté

イタリア語	日本語訳
クレーマ crema	クリームスープ、クリーム状の菓子
クレスペッラ crespella	クレープ
クロケッタ crocchetta	クロケット、コロッケ
ストゥファート stufato	蒸し煮
トルタ torta	フイユテ：折り込みパイ生地で作ったパイ料理またはパイ菓子
フォンデンテ fondente	フォンダン：野菜、肉、菓子などのとろけるような状態のもの
フリカッセーア fricassea	フリカセ：鶏、仔牛、魚等を軽く煮込んだ料理
ガランティーナ galantina	ガランティーヌ：肉や魚で詰め物を巻き、出し汁で煮たあと冷ましたもの
ガレッタ galletta	ガレット：①円形の焼き菓子　②円形に薄く作った料理
ドルチェ　トルタ dolce / torta	①菓子、ケーキ　②焼き菓子のような形に料理したもの
ジェラティーナ gelatina	ゼリー、果物の果汁のジャム
ジェラート gelato	アイスクリーム
グラニータ granita	グラニテ：目の粗く糖分の少ないシャーベット（食間の口直しまたはデザート用）
グラタン gratin	グラタン：チーズ、パン粉等を料理に振ってオーヴンで焼き色をつけた料理
ミッレフォーリエ millefoglie	ミルフイユ
ムース　スプーマ mousse / spuma	ムース
オムレット　フリッタータ omelette / frittata	オムレツ
パテ　パスティッチョ pâté / pasticcio	パテ：肉、魚、野菜等の挽いた材料をパイ皮や深い器に詰めて焼いたもの
ポタージュ　ミネストラ パッサータ potage / minestra passata	ポタージュ
ポ　ト　フ pot-au-feu	ポトフ
ケネッラ　クネル chenella / quenelle	クネル：魚、肉、家禽等のすり潰した肉を混ぜ合わせ様々の形に作りポシェしたもの
キーシュ quiche	キッシュ
ラ　グ　ストゥファート ragoût / stufato	ラグー、煮込み、シチュー
アッロースト arrosto	ロースト、ローストした料理
ザバイオーネ zabaione	サバイヨン
インサラータ insalata	サラダ
サルタート saltato	ソテー
ソルベット sorbetto	シャーベット
スフレ soufflé	スフレ
ズッパ zuppa	スープ
ビステッカ bistecca	ステーキ、ビーフステーキ
トルタ torta	タルト
テッリーナ terrina	テリーヌ：すり潰した肉、魚、野菜などをテリーヌ型に詰めて火を通したもの
クレーマ パッサート crema passato	ヴルテ：なめらかなポタージュ

フランス語	発 音	英 語
MOTS DIVERS	モ ディヴェール	others
✧cuisine	キュイズィーヌ	kitchen
✧carte	カルトゥ	menu
✧menu	ムニュ	fixed menu
✧dégustation	デギュスタスィオン	tasting
✧amuse-bouche	アミューズ ブーシュ（グール）	appetizer
✧hors-d'œuvre	オル ドゥーブル	hors d'œuvre
✧entrée	アントレ	first course / hors d'œuvre
entremets	アントルメ	dessert
✧dessert	デセール	dessert
✧garniture	ガルニチュール	garnish
✧apéritif	アペリティフ	aperitif
digestif	ディジェスティフ	digestif / after-dinner drink
✧eau minérale	オ ミネラル	mineral water
infusion	アンフュジョン	herb tea
✧maison	メゾン	homemade
mariage	マリアージュ	marriage
surprise	スュルプリーズ	surprise
✧saison	セゾン	season
printemps	プランタン	spring
été	エテ	summer
automne	オトンヌ	autumn
hiver	イヴェール	winter
✧bouillon	ブイヨン	bouillon
✧court-bouillon	クール ブイヨン	court-bouillon
✧croûte	クルートゥ	crust
✧croûton	クルトン	crouton
farce	ファルス	stuffing
✧fond	フォン	stock
✧fumet	フュメ	fumet
friture	フリテュール	fritter
✧jus	ジュ	juice, gravy
glace	グラス	
✧purée	ピュレ	purée
liaison	リエゾン	liaison

34

イタリア語	日本語訳
altri *アルトリ*	その他
cucina *クッチーナ*	料理、調理場、キッチン
carta / lista *カルタ　リスタ*	献立表、メニュー　à la carte：アラカルトで、一品料理で
menu *メヌー*	コース料理、献立、定食
degustazione / delibazione *デグスタツィオーネ　デリバツィオーネ*	試食、試飲
stuzzichino *ストゥッツィキーノ*	アミューズ、おつまみ（=amuse-gueule）
antipasto *アンティパスト*	オードブル、前菜
antipasto *アンティパスト*	アントレ：一皿目に取る軽い料理（オードブルと同義）
dolce *ドルチェ*	アントルメ：チーズの後に出される甘いもの（デザートと同義）
dolce *ドルチェ*	デザート
contorni *コントルニ*	付け合せ
aperitivo *アペリティーヴォ*	食前酒
digestivo *ディジェスティーヴォ*	食後酒
acqua minerale *アックア ミネラーレ*	ミネラルウォーター
tisana *ティザーナ*	ハーブティー（=tisane）
casalingo *カサリンゴ*	自家製の、特製の。家、会社
matrimonio *マトリモーニオ*	結婚、組み合わせ
sorpresa *ソルプレーザ*	驚き：思いがけない驚きを与える料理、デザート
stagione *スタジョーネ*	季節
primavera *プリマヴェーラ*	春
estate *エスターテ*	夏
autunno *アウトゥンノ*	秋
inverno *インヴェルノ*	冬
brodo *ブロード*	ブイヨン、出し汁
court-bouillon *クール ブイヨン*	クールブイヨン：魚、甲殻類などを煮るための汁、クールブイヨンで煮た料理
crosta *クロスタ*	パイ皮、（各種生地で作ったパテ等の）皮、パンの皮
crostino *クロスティーノ*	クルトン
farcia *ファルチャ*	ファルス、詰め物、混ぜ物
fondo *フォンド*	フォン、（肉、家禽、ジビエからとった）出し汁
fumetto *フュメット*	フュメ：（魚、キノコの）出し汁
fritto *フリット*	揚げ物、フライ、フリッター
sugo *スーゴ*	果汁、肉汁、フォン
	グラス、濃縮肉汁：フォンを煮詰めたものでソースの仕上げに加える
purè *プレ*	ピュレ
legante *レガンテ*	（ソース、スープなどの）つなぎ

フランス語	発音	英語
marinade	マリナードゥ	マリネイド marinade
◇vinaigrette	ヴィネグレットゥ	オイルアンドヴィネガ ドレッシング (oil and vinegar) dressing
(cuisine)sous-vide	(キュイズィーヌ) ス ヴィドゥ	ヴァキュム クッキング vacuum cooking
bleu	ブルー	ヴェリィ レ ア very rare
saignant	セニャン	レ ア rare
à point	ア ポワン	ミーディアム medium
bien cuit	ビヤン キュイ	ウェル ダ ン well done
en cocotte	アン ココットゥ	イン ラ ミ キン in ramekin
en feuilleté	アン フイユテ	パイ pie
à la nage	ア ラ ナージュ	ポウチトゥ イン poached in
à la vapeur	ア ラ ヴァプール	スティームド steamed
◇cuisinier(ère)	キュイズィニエ (ール)	コック cook
◇pâtissier(ère)	パティスィエ (ール)	ベイストリコック pastrycook
◇sommelier(ère)	ソムリエ (ール)	ソ ム リ エ イ sommelier

イタリア語	日本語訳
マリナータ marinata	マリネ液、漬け汁、マリネした肉や魚
サルサ ヴィネグレッテ salsa vinaigrette	（フレンチ）ドレッシング
クッチーナ ソットヴオート (cucina) sottovuoto	真空（調理）
ブルー blu	ブルー：超レア
アル サングエ al sangue	レア、血のしたたるような
ア プント a punto	ミディアム、ほど良い焼きかげんの
ベン コット ben cotto	ウェルダン、よく焼けた
ア ココッテ a cocotte	ココット煮、ココット焼き
パスティチョ pasticcio	パイ包み
イヌ—ミド in umido	ナージュ風：クールブイヨンで煮て、煮汁ごと供する料理
アル ヴァポーレ al vapore	ア ラ ヴァプール：蒸気で蒸した料理に用いる表現
クオーコ クオーカ cuoco (cuoca)	料理人
パスティッチェーレ パスティッチェーラ pasticciere (pasticciera)	菓子職人
ソムリエーレ sommeliere	ソムリエ

新・現場からの
調理フランス語

LE FRANÇAIS POUR La RESTAURATION

IECF

塩川由美・藤原知子

フランスの地理

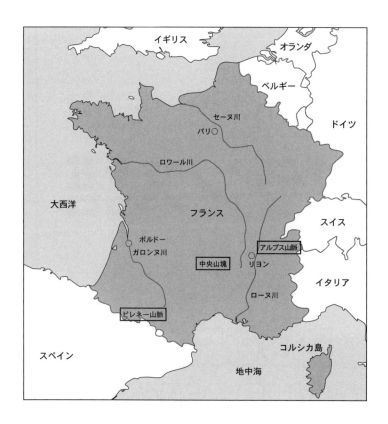

料理に出てくる主なフランスの地方

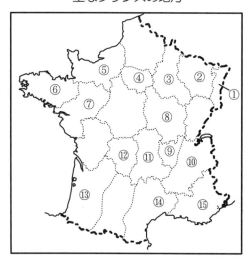

① Alsace　アルザス

② Lorraine　ロレーヌ

③ Champagne　シャンパーニュ

④ Île de France　イル・ドゥ・フランス

⑤ Normandie　ノルマンディ

⑥ Bretagne　ブルターニュ

⑦ Loire　ロワール

⑧ Bourgogne　ブルゴーニュ

⑨ Lyonnais　リヨネ

⑩ Alpes　アルプス

⑪ Auvergne　オーヴェルニュ

⑫ Limousin　リムーザン

⑬ Aquitaine　アキテーヌ

⑭ Languedoc-Roussillon　ラングドック・ルシヨン

⑮ Provence　プロヴァンス

はじめに・改訂にあたって

　このテキストは、調理専門学校などで初めてフランス語を学ぶ学生たちのために作りました。　学習の現場で長年にわたり多くのテキストを使いながら試行錯誤を繰り返してきた私たちは、一般の語学の領域と調理現場で求められる「生の」フランス語とのズレの大きさに悩まされた結果、自分たちでテキストを作ることにしました。

　専門学校で調理を学ぶ学生は、実践的な言葉のスキルを身につけるテキストを求めています。それを実現するには現場中心の多角的視点が求められます。そのため、私達はこのテキスト作りのためにフランス人シェフ、フランス料理専門家、大学のフランス語教師、フランス留学経験のある現役のオーナーシェフ、学習現場の教師たちなどの共同作業によって作ることとしました。

　調理に焦点を絞りこんでいますのでこの本は従来のフランス語テキストの枠組みとはかなり違っています。しかし、フランス語という大きな山を、少しずつ登る方法ではなく、ズバリ、「現場の料理のフランス語」のレベルにアクセスしたい意欲的な現場の調理人、フランスに行って料理の勉強をしようと考えている人など、に必ず役に立つようにと心がけました。

[基礎編]　　自分で日本語の料理名をフランス語で書けるようになることを目標にしています。短い料理名から複雑な料理名へと順を追って進み、最終的には一流レストランのメニューに載っている料理名と同じ料理名がフランス語で書けるようになります。

[応用編]　　「メニューの読み方」と「ルセットの読み方」の２つに分かれています。「メニューの読み方」では、基礎編で習得した料理名が実際のフランスの３つ星レストランのメニューの中でどのように使われているかを読み、そこからより高い表現方法を学びます。

　「ルセットの読み方」では、フランス語で書かれたレシピを日本語に訳すための文法の基本を学び、自分で日本語に訳せるようになることを目指します。

[資料編]　　フランス料理を学ぶ上で必要となるさまざまな知識、調理現場中心の会話など幅広い内容にしました。コラムやイラストは、フランスの重要食材・フランス語による調理作業名・調理器具・調理場の見取り図など盛りだくさんな内容です。

[単語集]　　別冊で作ってあります。いつも手元においてボキャブラリーを豊かにして下さい。

[2010 年改訂版]　　コミュニケーションのテーマを強化しました。実用会話編として、市場での会話、レストランでの会話を増やしました。また、ヴィジュアルな理解を高めるためには映画が良い素材ですから、コラムで必見作品をピックアップしています。調理場は戦場のように、短い言葉のやり取りに命がかかっています。絶対出てくる！そんなフレーズ集も加えました。

　ご協力頂いた全ての方々に感謝し、このテキストが楽しく学べる調理フランス語への良い Entrée（アントレ）となることを願っています。　　Bon Courage（ボン　クラージュ）　！

2010 年 2 月　　著者

も く じ

フランスの地図	
アルファベットと発音	8
こんにちは　　　　　　　Bonjour !　　Ça va ?	10

基礎編　料理名の書き方

Leçon 1　「トマトのサラダ」　　　　　　　　　　　　　14

1. 男性名詞と女性名詞
2. 単数形と複数形
　　　コラム 1　　みんなが知ってるフランス語　　　　　　17
3. 《 de 》について・・・《 de 》の役割　　　　　～発音してみよう～
4. 料理名を書いてみよう
　　　参考 1　料理名や材料名は 単数形？ 複数形？

Leçon 2　「トマトのサラダ、バジル風味」　　　　　　22

1. 《 au 》の役割
2. 《 au 》の仲間《 à la 》《 à l' 》《 aux 》
　　　コラム 2　　フランスの食材　ブレスの鶏　　　　　25
3. 料理名の書き方　パターンⅠ　　　　　　　　　～発音してみよう～
　　　参考 2　料理名の書き方に決まりはあるの？

Leçon 3　「冷製コンソメ」　　　　　　　　　　　　　30

1. 形容詞の形と発音
2. 形容詞の位置
3. 料理によく出る形容詞
4. 形容詞のまとめ

Leçon 4　「鮭の網焼き」　　　　　　　　　　　　　36

1. 《 er 》で終わる動詞の過去分詞　　　　　　　～発音してみよう～
　　Ⅰ. 作り方　　　　　　　　　　　　　　　　～発音してみよう～
　　Ⅱ. 使い方　　　　　　　　　　　　　　　　～発音してみよう～

Leçon 5　「ポテトフライ」　　　　　　　　　　　　40

2. 《 er 》以外で終わる動詞の過去分詞
3. 料理名の書き方　パターン　Ⅱ　　　　　　　　～発音してみよう～
　　　コラム 3　　フランスの食材　キノコ　　　　　　45

Leçon 6 「鯛の網焼き プロヴァンス風」 46

1. 「〜地方風」の書き方
2. 料理名の書き方　パターン　Ⅲ

Leçon 7 ソース名を書いてみよう 48

1. ソース名の書き方
2. ソース名の位置

Leçon 8 料理名の書き方・まとめ 50

料理名の書き方
　　　　参考3　付け合せの書き方っていろいろあるの？
練習問題
　　　コラム 4　フランスの食材　トリュフ 55

ステップアップ

1　特殊な名詞 56

2　「トマトとキュウリのサラダ」 58

　　　コラム 5　フランスの食材　ビオ（ＢＩＯ）食品 59

3　「人参のサラダ、レモンとにんにく風味」　　　〜発音してみよう〜 60

4　形容詞　　　　　　　　　　　　　　　〜発音してみよう〜 62

5　「トマトとズッキーニのマリネ」 64

6　「若鶏のロースト」 65

　　　　参考4　料理名になった形容詞

7　「プロヴァンス風」ってどんな風？ 66

8　「フェルナン・ポワン風」ってなに？ 68

　　　　参考5　「〜職業風」の書き方

9　総合練習問題 72

　　　コラム 6　フランスの食材　フォワグラ 73

10　フランス語のつづり字と発音の規則 74

11　発音練習問題 78

　　　コラム 7　フランスの食材　エスカルゴ 80

応用編

Leçon 9　メニューの読み方 1　　　82
メニューとは？
コース料理の組み立て

Leçon 10　メニューの読み方 2　　　86
ポール・ボキューズのメニュー
《 en 》ってなに？

Leçon 11　メニューの読み方 3　　　90
パヴィヨン・ルドワイヤンのメニュー
メニューを読むための基礎知識
　　　参考6　文法のポイント
　　　コラム 8　フランスの食材　カキ　　　95

Leçon 12　ルセットの読み方　　　96
料理名
材料

Leçon 13　ルセットの読み方　　　98
作り方　　　1) 動詞の不定形が使われる場合
　　　イラスト 1　切り方　　　101

Leçon 14　ルセットの読み方　　　102
作り方　　　2) 動詞の命令形が使われる場合
　　　イラスト 2　調理器具　　　105

Leçon 15　ルセットの読み方　　　106
ルセットを読むための文法のポイント

Leçon 16　ルセットの読み方　　　110
重要表現のまとめ
　　　参考7　文法のポイント
　　　イラスト 3　調理道具　　　113
　　　コラム 9　フランスの食材　ジビエ　　　114

資料編　I

フランスの地方と料理　　　　　　　　　　　　　　　　　　　　116
　　　プロヴァンス地方
　　　ブルゴーニュ と リヨネ地方 / 南西部
　　　ノルマンディ と ブルターニュ地方 / アルザス と ロレーヌ地方

フランスワイン　　　　　　　　　　　　　　　　　　　　　　　122
　　　ワインの種類 / 産地と主なぶどうの品種
　　　産地によるビンの形の違い / ワインの分類
　　　ワインのラベル

フランスのチーズ　　　　　　　　　　　　　　　　　　　　　　126

調理場での会話　1　　さあ、仕事を始めよう！　　　　　　　　128

調理場での会話　2　　　　　　　　　　　　　　　　　　　　　130
　　　メニューの変更 / ワインと料理
　　　オーダーを通す / 下ごしらえ　① ② ③ / 料理を出す/ あと片づけ / 掃除

実用会話編

　　　市場で　　　八百屋 / 魚屋 / 肉屋　　　　　　　　　　140
　　　チーズ屋
　　　カフェで
　　　パン屋 / お菓子屋
　　　レストランで　　席につく / 料理の注文 / ワインの注文
　　　　　デザートの注文 / 支払い
　　　　　　　コラム 10　　映画の中のフランス料理　1　　145
　　　　　　　コラム 11　　映画の中のフランス料理　2　　151
　　　調理場での会話　3　　　　　　　　　　　　　　　　　154

資料編　II

　　　調理場の人員構成/ サービス係の人員構成　　　　　　156
　　　数字 / 曜日 / 月 / 季節
　　　時刻 / 時間の表し方
　　　　　　　イラスト 4　　調理場の見取り図　　　　　　162

アルファベット（ alphabet ）と発音

フランス語のアルファベットは英語と同じ 26 文字からできている。
ただし、読み方が違うので気をつけよう。

A	a	(a)	ア		N	n	(ɛn)	エヌ
B	b	(be)	ベ		O	o	(o)	オ
C	c	(se)	セ		P	p	(pe)	ペ
D	d	(de)	デ		Q	q	(ky)	キュ
E	e	(ə)	ウ		R	r	(ɛːr)	エール
F	f	(ɛf)	エフ		S	s	(ɛs)	エス
G	g	(ʒe)	ジェ		T	t	(te)	テ
H	h	(aʃ)	アシュ		U	u	(y)	ユ
I	I	(i)	イ		V	v	(ve)	ヴェ
J	j	(ʒi)	ジ		W	w	(dubləve)	ドゥブルヴェ
K	k	(ka)	カ		X	x	(iks)	イクス
L	l	(ɛl)	エル		Y	y	(igrɛk)	イグレック
M	m	(ɛm)	エム		Z	z	(zɛd)	ゼド

母音字 ： a, e, i, o, u, y
子音字 ： その他の文字

8

アクサン記号

次のような記号のついた文字が使われる。

é	アクサン・テギュ	(accent aigu)
à, è, ù	アクサン・グラーヴ	(accent grave)
â, ê, î, ô, û	アクサン・スィルコンフレックス	(accent circonflexe)
ç	セディーユ	(cédille)
ë, ï, ü	トレマ	(tréma)

1. 母音字の上につくフランス語独特の記号を「アクサン記号」という。

アクサン記号は、音の強弱を表すアクセントとは関係ないよ

2. セディーユは、それがついている《 ç 》が、「サ行」の音になることを示す。

　　　<例>　leçon(ルソン),　Ça va.(サ ヴァ)

3. トレマがついている母音字は、前の母音字と分けて別々に発音する。

　　　<例>　Noël(ノエル)

注意

＊《 h 》は発音しない。

　　　<例>　hôtel(オテル)　thé(テ)

＊ 単語の最後にある子音字は発音しないことが多い。

　　　<例>　radis(ラディ)　riz(リ)

" こんにちは " Bonjour !

ボンジュール　マドゥモワゼル
Bonjour, mademoiselle.　　　　　　こんにちは。

ボンジュール　ジュ　マ　ペル　　　　エ　トワ
Bonjour. Je m'appelle Mika. Et toi ?

　　　　　　　　　　　　　　こんにちは。私の名前はミカです。あなたは？

ジュ　マ　ペル　　　　　　アンシャンテ
Je m'appelle Ken. Enchanté.　　　　僕の名前はケンです。はじめまして。

ボンジュール　ムスィウ
Bonjour, monsieur.　　こんにちは（男性に対して）
ボンジュール　マダム
Bonjour, madame.　　こんにちは（既婚女性に対して）
ボンジュール　マドゥモワゼル
Bonjour, mademoiselle.　こんにちは（未婚女性に対して）

シェフには　　　ボンジュール　シェフ
　　　　　　　Bonjour, chef.
　　　　　　　サリュ
友達同士では　　Salut !

Bonjour！ こんにちは！
Je m'appelle GIROFLE※　（ジロフル）
僕の名前はジロフルです

※ **girofle** クローブ、丁字。
丁字とは日本語で「釘」という意味。ポトフ、ローストポーク、肉などの煮込み料理のスパイスとして、図のように玉ねぎや肉に突き刺して用いられることが多い。

"元気 ?"　Ça va?

Bonjour, Mika. Ça va ?
Oui, ça va. Et toi ?

Bonjour, Mika. Ça va ?	こんにちは、ミカ。元気？
Oui, ça va. Et toi ?	はい、元気よ。あなたは？

Oui, ça va, merci.　はい、元気よ。ありがとう。
Ça va bien, merci　元気です、ありがとう。

Pardon, monsieur.　すみません。（呼びかけ）
Pardon, monsieur.　すみません。（ごめんなさい）

Au travail.
Bon courage !

Au travail !	仕事を始めよう！
Bon courage !	頑張って！
Oui, chef.	はい、シェフ。

基礎編

料理名の書き方

名詞

de

au, à la, à l', aux

形容詞

〜風

ソース名

・

ステップアップ

Leçon 1 　「 トマトのサラダ 」

名詞部分の「トマト」と「サラダ」のフランス語を辞書で調べてみよう。

　　　　トマト　・・・　　tomate　　　〔トマトゥ〕　　　女

　　　　サラダ　・・・　　salade　　　〔サラドゥ〕　　　女

1. 男性名詞と女性名詞

> フランス語の全ての名詞は「男性名詞」か「女性名詞」のどちらかに決められている。
> 　　辞書の表記　　　　男 または **n.m.**　・・・男性名詞
> 　　　　　　　　　　　女 または **n.f.**　・・・女性名詞

男性名詞か女性名詞か決まっているので、1つ1つ調べていくしかないんだね

最後が《 e 》で終わる名詞は、女性名詞が多いのよ

【練習】辞書で次の名詞が男性名詞か女性名詞かを確かめてみよう。

男性名詞？
女性名詞？

　　　　　　　　　発音　　　　　　男・女　　　　　日本語訳

concombre　（　　　　　　）　　........................　........................

épinard　　（　　　　　　）　　........................　........................

carotte　　（　　　　　　）　　........................　........................

2. 単数形と複数形

> フランス語の名詞は「単数形」と「複数形」に区別される。
> 原則的に「単数形」に《 s 》をつければ、「複数形」になる。

作り方

単数形		複数形
tomate	→	tomate<u>s</u>

【練習】次の名詞が男性名詞か女性名詞かを調べ、複数形を作ってみよう。

	発音	男・女	複数形	日本語訳
asperge	（　　　　）	…………	…………………	………………
poivron	（　　　　）	…………	…………………	………………
pomme	（　　　　）	…………	…………………	………………

［例外］

⑴ 《 s, x, z 》で終わる名詞は複数形になっても形は同じ。

＜例＞

単数形		複数形
カスィス cassis	→	…………………………
ノワ noix	→	…………………………
リ riz	→	…………………………

例外をしっかり覚えよう

⑵ 《 u 》で終わる名詞の大部分は《 x 》をつけて複数形を作る※。

＜例＞

単数形		複数形
シュー chou	→	…………………………
ヴォ veau	→	…………………………

※ P.57 参照

15

複数形の発音

複数形を表す文字《 s, x 》は発音されないので、発音は単数形と同じである。

　　　　　　　　　　単数形　　　　　　　　　　複数形
　　　　　　　　　　シュー　　　　　　　　　　シュー
　　　　　　　　　　chou　　　　　→　　　　　choux

　　　　　　　　　コンコンブル　　　　　　　コンコンブル
　　　　　　　　　concombre　　→　　　　concombres

［例外］卵を表すフランス語《 œuf 》は複数形になると発音が変わる。

　　　　　　　　　　ウフ　　　　　　　　　　　ウ
　　　　　　　　　　œuf　　　　　→　　　　　œufs

【練習】次の名詞が男性名詞か女性名詞かを辞書で調べてみよう。
　　　　またそれを複数形にしてみよう。

　　　　　　　　　　発音　　　　　男・女　　　　複数形　　　　　日本語訳

citron　　　（　　　　　）　………　　　………………　　　……………

radis　　　　（　　　　　）　………　　　………………　　　……………

aubergine　（　　　　　）　………　　　………………　　　……………

poireau　　（　　　　　）　………　　　………………　　　……………

anchois　　（　　　　　）　………　　　………………　　　……………

コラム 1

みんなが知ってるフランス語

私たちが日常使っている言葉の中にもフランス語がたくさんあるよ。
次の言葉のもとになるフランス語の番号を選んでみよう。

シェフ	( )	ポタージュ	( )
クロワッサン	( )	ソムリエ	( )
ブラボー	( )	グルメ	( )
カフェオレ	( )	ビストロ	( )
クレープ	( )	シネマ	( )
コンソメ	( )	ブティック	( )
レストラン	( )	ムース	( )

(1) boutique (2) sommelier (3) potage (4) gourmet

(5) mousse (6) bistro (7) cinéma (8) consommé

(9) croissant (10) bravo (11) restaurant (12) crêpe

(13) chef (14) café au lait

次のフランス語を覚えよう。

(la) cuisine française（フランス料理）
ラ　キュイズィーヌ　フランセーズ

(la) cuisine japonaise（日本料理）
ラ　キュイズィーヌ　ジャポネーズ

(la) cuisine chinoise（中華料理）
ラ　キュイズィーヌ　シノワーズ

cuisinier　cuisinière
キュイズィニエ　キュイズィニエール
料理人（男性）　料理人（女性）

3. 《 de 》について

トマト「の」サラダ

トマト（ tomate ）・・・ 主材料
サラダ（ salade ）・・・ 料理名

Salade de tomates

この《 de 》って何だろう？

《 de 》の役割：単語と単語のつなぎに使われる。

> 料理名の中で《 de 》の後にくる語は次のことを表す。
> (1) 料理の主材料
> (2) （食材の）産地名、（料理の）発祥の地
> (3) 部位（切り方も含む）のもとになる食材

【練習問題】次のフランス語を日本語に訳してみよう。また《 de 》の後にくる単語が役割 (1)〜(3) のどれに当たるか考えよう。

① Consommé de volaille　　　　　...

② moutarde de Dijon　　　　　　...

③ filet de bœuf　　　　　　　　　...

④ Gratin de courgettes　　　　　...

《 de 》は母音字で始まる単語、あるいは《 h 》で始まる単語※の前にくる
とき、《 e 》が省略され《 d' 》となる。

<例>   Gratin d'épinards

※ 例外がある（P.77 参照）

発音に気をつけよう

省略が行われたときの発音は、《 d 》とそれに続く単語の最初の音を、ローマ字のように
組み合せて発音する。   （P.77 参照）

【練習】例にならって次の単語を発音してみよう。

<例>   _{アイユ} ail   →   _{ダイユ} d'ail

① herbes   →   d'herbes

② huile   →   d'huile

③ oignon   →   d'oignon

【練習問題】次のフランス語の料理名の読み方を書き、日本語に訳してみよう。

① Gratin d'aubergines   ....

② Salade d'oranges   ....

③ Vin d'Alsace   ....

④ Crème d'épinards   ....

～ 発音してみよう ～

つづりにはあるけど発音しない文字があるよ

1. h		haricot	homard
2. 単語の最後の子音字		radis	riz
3. 単語の最後の《 e 》		laitue	foie
4. 複数を表す《 s 》あるいは《 x 》		laitues	poireaux

4. 料理名を書いてみよう

料理名を書くときの基本的なパターン

$$料理名 + \left.\begin{array}{l}\textbf{de} \\ \textbf{d'}\end{array}\right\} + \boxed{主材料}$$

＜例＞ Salade de concombres
キュウリのサラダ

主材料 の部分の表し方

次のような組み合わせのときもある。

```
          (a)                    (b)
(1)   部位  ⎫    ⎧ de ⎫
      切り方 ⎬  + ⎨ d'  ⎬  +  主材料
          ⎭    ⎩    ⎭
```

＜例＞ Terrine de foies de volaille
　　　　　　　　　(a)　　　　(b)
鶏レバーのテリーヌ

```
          (b)                    (c)
(2)   主材料  + ⎧ de ⎫ + 産地名
              ⎨ d'  ⎬
              ⎩    ⎭
```

＜例＞ Consommé de volaille de Bresse
　　　　　　　　　　(b)　　　　(c)
ブレス産鶏※のコンソメ　　※ P.25 参照

参考1

料理名や材料は、単数形？　複数形？

次のように考えるといいよ。

出来上がりの料理名は？・・・**単数形**
　＜例＞　　salade　　　potage　　　gratin
　　〔例外〕beignets（ベニエ）の場合は単数形より複数形にすることが多い。

食材は？
　－1皿分の料理を作るのに1個（以内）使うのが一般的なもの・・・**単数形**
　　　　（食材を切って数が増えても、もとが1個のものは単数）
　＜例＞　　chou　　　poulet　　　daurade

　－1皿分の料理を作るのに複数使うのが一般的なもの・・・**複数形**
　＜例＞　　petits pois　　　épinards　　　nouilles

ただし、使う個数に関係なく、慣習的に単数形か複数形か決まっている食材もある。
　＜例＞　　homard　　　truffes　　　pommes de terre

(P.26、27　(2)、(3) 参照)

【練習問題】次の料理名をフランス語で書いてみよう。

① アボカドのサラダ

② カボチャのスープ

③ ジャガイモのグラタン

④ ブレス（Bresse）産若鶏のロースト

⑤ 鶏（volaille）レバーのパテ

⑥ ブルターニュ（Bretagne）産オマール海老のサラダ

⑦ リ・ド・ヴォー（仔牛の胸腺肉）のテリーヌ

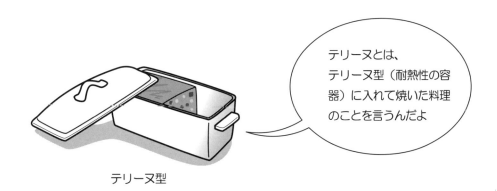

テリーヌ型

テリーヌとは、テリーヌ型（耐熱性の容器）に入れて焼いた料理のことを言うんだよ

Leçon 2 「 トマトのサラダ、バジル風味 」

1. 《 au 》の役割

> 料理名の中で、《 au 》の後に来る語は主に次のことを表す。
>
> ①　入れたもの（主材料のほかに）　　　　　　　　　　訳
>
> 　　（調味料・香辛料・ハーブ等）風味付けするもの　（ 〜風味 ）
>
> 　　（材料として）加えたもの　　　　　　　　　　　（ 〜入り ）
>
> ②　付け合せ　　　　　　　　　　　　　　　　　　　（ 〜添え ）

2. 《 au 》の仲間

《 au 》の仲間には、次のような4つの形がある。

　　Tarte **au** chocolat　　　　　　　チョコレート入りタルト

　　Glace **à la** vanille　　　　　　　バニラ風味のアイスクリーム

　　Poulet **à l'**orange　　　　　　　若鶏のオレンジ風味

　　Foie de canard **aux** poireaux　　鴨のレバー、ポロ葱添え

22

後に続く名詞の「性」と「数」によって、変化する

au <small>オ</small>	男性名詞・単数形の前にくるとき	＜例＞	au citron <small>オ スィトロン</small>
à la <small>ア ラ</small>	女性名詞・単数形の前にくるとき	＜例＞	à la menthe <small>ア ラ マントゥ</small>
à l' <small>ア</small>	母音字で始まる単数形の名詞、あるいは	＜例＞	à l'orange <small>ア ロランジュ</small>
	《 h 》で始まる単数形の名詞※の前にくるとき		
		＜例＞	à l'huile <small>ア リュイル</small>
aux <small>オ</small>	複数形の名詞の前にくるとき	＜例＞	aux pommes <small>オ ポム</small>

※ 例外がある（P.77 参照）

「トマトのサラダ、バジル風味」をフランス語にしてみよう。

バジル風味 ・・・・・ au basilic

　《 basilic 》は男性名詞・単数形なので、その前に《 au 》がくる

トマトのサラダ ・・・ Salade de tomates

Salade de tomates au basilic

発音に気をつけよう

《 à l' 》の発音は、《 l 》とそれに続く単語の最初の音を、ローマ字のように組み合せて発音する。　（P.77 参照）

【練習】例にならって次の単語を発音してみよう。

＜例＞	ail <small>アイユ</small>	→	à l'ail <small>ア ライユ</small>
	① échalote	→	à l'échalote
	② huile	→	à l'huile
	③ oignon	→	à l'oignon

【練習問題】

（1）次の料理名を訳してみよう。

① Salade d'asperges au ris de veau

② Soupe de chou-fleur à la noix de coco

③ Sorbet à l'orange

④ Filets de sole aux nouilles

⑤ Salade de courgettes aux anchois

《 noix 》には次の
4 つの意味があるよ

クルミ、木の実
貝柱、肉の部位

（2）左の料理名に合うように下線部分にフランス語を入れてみよう。

① キノコ入りオムレツ   Omelette .... champignons

② チョコレートのムース   Mousse .... chocolat

③ 野菜入りコンソメ   Consommé .... légumes

④ 若鶏のニンニク風味   Poulet .... ail

⑤ 仔牛のエスカロップ、マスタード風味

       Escalope .... veau .... moutarde

⑥ 舌平目のフィレ、キノコ添え

       Filets .... sole .... champignons

⑦ グレープフルーツ入りキュウリのサラダ

       Salade .... concombres .... pamplemousse

⑧ オゼイユ風味の野菜のクリームスープ

       Crème .... légumes .... oseille

コラム 2

フランスの食材

ブレスの鶏（volailles de Bresse）
　　　　　　　ヴォライユ ドゥ ブレス

赤いトサカに白い羽、青い脚を持つブレスの鶏は、「鶏の王様」として知られ、フランスの最高の食材の1つでありAOP※（原産地保護呼称）を持つ鶏肉である。
ブルゴーニュ地方の東に位置するブレス地方では、鶏の飼育が中世から行われており、多くの食通に絶賛されてきた。
現在、飼育農家はAOPの厳しい管理のもとで決められた飼育方法を守っている。

※ AOP（P.123 参照）

飼育方法

生後 35 日以降、トウモロコシ、小麦、乳製品を飼料として与えられ、基本的に屋外を自由に運動し、飼料に不足するたんぱく質を補うため、外のミミズや昆虫や軟体動物を食べて育つ。AOPでは鶏1羽につき 10 ㎡ 以上の飼育面積が義務付けられている。このため健康で肉質の締まった鶏になる。
出荷2週間前になると狭い鶏小屋に閉じ込められ、飼料を与えられ、脂肪の少なかった鶏は、この間に脂肪の乗った柔らかい肉質になっていく。
生後 16～18 週で出荷される。

種類

ブレス鶏の種類とAOPで決められた飼育期間

　　若鶏　（poulet）　　　　　　　　　　　　　　　4ヶ月以上

　　肥育鶏　（poularde）：（食肉用に太らせた）雌鶏　　5ヶ月以上
　　　　　　プラルドゥ

　　シャポン　（chapon）：去勢した雄鶏　　　　　　　8ヶ月以上

品質保証

AOPに認定されたブレス鶏は、出荷の際に背中にフランスの三色旗のラベルが貼られ、飼育者の名前と住所（飼育者番号）が記された金属の輪が左足にはめられる。

鶏肉の品質を保証するのに《Label Rouge》もある。これは、
　　　　　　　　　　　　　　　　ラベル ルージュ
食品が消費者の手に渡るまで品質の管理がきちんとなされて、一定以上の品質があると認められた食品につけられるラベルである。現在このラベルは、肉類、家禽、乳製品、野菜、果物など 500 種の製品に及んでおり、フランスの消費者が質の良い食品を見分ける目安となっている。

3. 料理名の書き方　パターンⅠ

料理名を書くときの基本的な構成を理解しよう

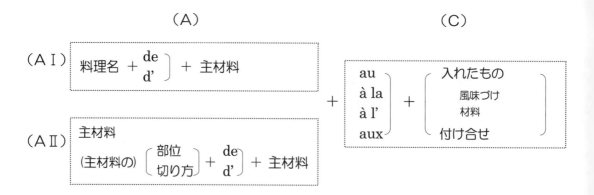

(1)　(A) の部分

「ポタージュ」や「サラダ」のように、**出来上がりの料理名**があるときは、料理名から書き始める。ないときは主材料から書くが、**主材料の部位**あるいは**切り方**があるときはそれから書き始める。

従って、(A) のブロックの最初のフランス語は次の優先順位で始める。

(2)　次のような材料は単数形にする。

① 風味を表すもの
<例>

スパイス	poivre, curry, safran, moutarde …
酒類	vin, champagne, rhum, madère calvados, bière …
ハーブ	basilic, estragon, fenouil, menthe persil, cerfeuil …
柑橘類※	orange, citron, pamplemousse …

※ 主材料で使う場合は複数形も有り。

② 数えられないもの
<例>　riz, beurre, fromage, chocolat, jambon …

⑶　次のような材料は複数形にする。

①　ある食材を数種類使ったことを表すとき
　　何種類使ったかを表す時は、数字を食材の前に書く。（P.31 参照）

　＜例＞　次の料理名を比べてみよう。

Filet d'agneau <u>au</u> chou　　　　　仔羊のフィレ、キャベツ添え

Filet d'agneau <u>aux</u> deux choux　　仔羊のフィレ、2種類のキャベツ添え

「2個」じゃなく、
「2種類」という意味だよ

Magret de canard au poivre　　鴨の胸肉、胡椒風味

Magret de canard aux trois poivres

　　　　　　　　　　　　　　　　鴨の胸肉、3種類の胡椒風味

②　食材の総称を表し、すでに数種類のイメージがあるもの

　＜例＞　légumes,　épices,　agrumes,　herbes,　fruits ...

③　複数使うのが一般的なもの

　＜例＞　petits pois,　épinards,　haricots verts,　nouilles ...

「トマト入りズッキーニのグラタン」をフランス語にしてみよう。

ズッキーニのグラタン（AⅠ）…　**Gratin de courgettes**

出来上がりの料理名　　　　gratin 男
主材料　　　　　　　　　　courgettes 女

トマト入り（C）　　　　　…　**à la tomate**

《 tomate 》は女性名詞・単数なので、前に《 à la 》がくる。

（AⅠ）と（C）で、フランス語の料理名は次のようになる。

Gratin de courgettes à la tomate

【練習問題】次の料理名をフランス語で書いてみよう。

① ムール貝のスープ、サフラン風味

② 豚のフィレ肉、パイナップル風味

③ ピーマン入りキノコのサラダ

④ 鴨のテリーヌ、オレンジ風味

⑤ 舌平目のフィレ、ホウレン草添え

⑥ 海老入りカリフラワーのグラタン

⑦ サヤインゲンのサラダ、クルミオイル風味

～ 発音してみよう ～

《 r 》の発音は？　・・・・　後の文字で決まるよ。

　　1. 後に子音字がくるとき　　　　「ル」
　　2. 後に母音字がくるとき　　　　《 r 》と母音字の音を組み合わせ、
　　　　　　　　　　　　　　　　　　ローマ字読みする

練習

　　asperge　　　céleri　　　radis　　　porc

料理名の書き方に決まりはあるの？

料理名を書くときは最初の文字は**大文字**で書き始める。
また、地名や人名のような固有名詞も必ず**大文字**で書き始める。

書き方は基本的に次の3パターンがある。

(1) 全て大文字で書く （大文字は《 ç 》以外のアクサン記号は省略できる）

　　　＜例＞

> SALADE DE TOMATES AU BASILIC

(2) 最初の文字と固有名詞のみ大文字で、後は小文字で書く

　　　＜例＞

> Salade de tomates au basilic
>
> Salade de homard de Bretagne

(3) 名詞、形容詞は大文字で始め、そのつなぎの単語（冠詞・前置詞等）は小文字で書く

　　　＜例＞

> Salade de Tomates au Basilic

一般的に (1) は読みにくいのであまり使われない。
現在は (3) がよく使われる傾向にあるが、初心者にとって書きやすいのは (2) である。

料理名の最初に《 le 》《 la 》《 l' 》《 les 》などがつくことがある。

　　　＜例＞　L'escalope de saumon à l'oseille
　　　　　　　（レスカロップ ドゥ ソモン ア ロゼイユ）

Leçon 3 　　「 冷製コンソメ 」

「冷製 → 冷たい」を辞書で調べてみよう。

　　　　冷たい　　→　　froid、e 〔フロワ、フロワドゥ〕　　形

　　　*形 は、froid が形容詞であることを示す。

1. 形容詞の形と発音

> froid、e 〔フロワ、フロワドゥ〕

これは、次のことを表している。

　　男性名詞・単数形につくとき　　　　女性名詞・単数形につくとき
　　　　　フロワ　　　　　　　　　　　　　　フロワドゥ
　　　　　froid　　　　　　　　　　　　　　**froide**

＊男性形が発音されない子音字で終わる形容詞は、
　女性形になると後ろに《 e 》がつくのでその子音字が発音されるようになる。

名詞の複数形につくときは、形容詞も複数形になる。ただし、発音は単数形と同じ。

(P.16 参照)

単数形	複数形
froid	フロワ froid<u>s</u>
froide	フロワドゥ froide<u>s</u>

> 形容詞は修飾する名詞の**性**と**数**に応じて形が変わる。

2. 形容詞の位置

> 形容詞は原則として**名詞の後**に置かれる。
> 例外として**比較的短い形容詞**や数字は名詞の前に置かれる。

名詞の前に置かれる形容詞

<例>　　　　　　　日本語訳

petit　　　......................

grand　　......................

この２つはいつも
名詞の前に置かれるよ

数字も名詞の前に置かれる。　　(P.27 参照)

ドゥ
<例>　Potage aux <u>deux</u> pommes de terre

トロワ
Filet de bœuf aux <u>trois</u> poivres

では、冷製コンソメは？

コンソメ　　　・・・　consommé　男

冷製（冷たい）・・・　froid

Consommé froid

31

形容詞の変化

男性形（男性名詞・単数形につく形）が基本になる。

男性形 ＋ e ＝ 女性形（女性名詞につく形）
単数形 ＋ s ＝ 複数形

vert（ヴェール）「緑色の」を変化させてみよう。

名詞	形容詞	＜例＞
男性名詞・単数形	**vert**（男性形）	poivron ***vert***（ヴェール）
男性名詞・複数形	**verts**（男性形＋s）	poivrons ***verts***（ヴェール）
女性名詞・単数形	**verte**（男性形＋e）	pomme ***verte***（ヴェルトゥ）
女性名詞・複数形	**vertes**（男性形＋es）	pommes ***vertes***（ヴェルトゥ）

形容詞の形の変化のパターンをしっかり頭に入れよう

＊男性形が《 e 》で終わる形容詞は、女性形になっても形は変わらない。

＜例＞ rouge（ルージュ）

　　vin **rouge**　　　　　pomme **rouge**
　　　男　　　　　　　　　　　女

＊形容詞の複数形の作り方は、名詞の複数形の作り方と同じ。

　– 原則として《 s 》をつける。
　–《 u 》で終わる形容詞には《 x 》をつける場合が多い。
　–《 s, x, z 》で終わる単語はそのまま。

3. 料理名によく出る形容詞

【練習】次の形容詞を調べ、変化させてみよう。また発音も下に書いてみよう。

（男性形・単数）	（訳）	（男性形・複数）	（女性形・単数）	（女性形・複数）
grand	（　　　　　）			
petit	（　　　　　）			
chaud	（　　　　　）			
froid	（　　　　　）			
jaune	（　　　　　）			
noir	（　　　　　）			

【練習問題】下線部分にフランス語を書き入れ、左の日本語にあうフランス語を作ってみよう。

① 黄ピーマン　　　　　　　　poivron ....

② 熱いポタージュ　　　　　　potage ....

③ グリーンサラダ　　　　　　salade ....

④ 小さなトマト（単数）　　　............................ tomate

⑤ 小さなトマト（複数）　　　............................ tomates

⑥ 黒トリュフ　　　　　　　　truffe ....

⑦ グリーントマト　　　　　　tomate ....

⑧ 大きなグリーントマト　　　............................ tomates ....

⑨ 緑のオリーブ（単数）　　　............................　............................

⑩ 小さな緑のオリーブ（複数）............................

4. 形容詞のまとめ

ポイント！

形容詞を名詞につけるとき

　　形容詞の位置（原則は名詞の後、petit, grand と数字等は前）と
　　形容詞の形（修飾する名詞の性と数で決まる）に気をつける。

形容詞を料理名の中で使うとき

　　修飾する名詞のなるべく近くに置く。
　　　（間に《 de 》などの単語をはさまない）

　　　＜例＞　　Consommé froid

【練習】次の料理名をフランス語に訳しながら、料理名の書き方を理解しよう。
　　　　（主材料は全て複数形にする）

① 果物のグラタン

② 赤い果物のグラタン

③ 赤い果物の冷製グラタン

④ 小さな赤い果物の冷製グラタン

【練習問題】次の料理名をフランス語で書いてみよう。

① グリーンアスパラガスのサラダ

② レタスの冷製スープ

③ スズキのフィレ、赤ワイン風味

④ カキの温製、カレー風味

⑤ 鴨のグリーンオリーブ添え

⑥ 黄桃のコンポート

⑦ クルミ入りグリーンサラダ

⑧ ラングスティーヌ（手長海老）の小野菜添え

Leçon 4 　　「 鮭の網焼き 」

鮭の網焼き　→　網焼きした鮭

1. 《 er 》で終わる動詞の過去分詞

「鮭の網焼き」の「網焼き」は、出来上がりの料理名のように思われるが、フランス語では、「こういう調理をした」という意味の形容詞になる。

形容詞「網焼きした」を作るには・・・**動詞「網焼きする」から作る**

Ⅰ．作り方：動詞から過去分詞（〜した）を作る。

　フランス語の動詞のほとんどは《 er 》で終わる　・・・griller　　（網焼きする）
　これらの動詞の過去分詞は《 é 》に変わる　　　・・・grillé　　（網焼きした）

【練習】例に従って次の動詞を過去分詞（〜した）に変え、訳してみよう。

<例> braiser　　　　braisé　　　　　　　　　（　蒸し煮した　）

① mariner　　　　.........................　　　　（　　　　　）
② sauter　　　　　.........................　　　　（　　　　　）
③ poêler　　　　　.........................　　　　（　　　　　）
④ concasser　　　.........................　　　　（　　　　　）

Ⅱ. 使い方：形容詞として使う。

① 材料（名詞）の後に置く

　　鮭・・・saumon 男

　　この後に形容詞《 grillé 》を置く　　　　　　　（P.32 参照）

Saumon grillé

② 修飾する名詞の**性**と**数**に応じて形が変わる

　　poisson grill**é**　　　　poissons grill**és**
　　（男・単）　　　　　　　（男・複）

　　sardine grill**ée**　　　　sardines grill**ées**
　　（女・単）　　　　　　　（女・複）

ただし、発音はすべて「グリエ」だよ

～ 発音してみよう ～

母音字が１つのときの読み方は？

ローマ字と発音が同じもの

　　a　　「ア」　　⎫
　　i, y　「イ」　　⎬　アクサン記号がついても発音は同じ
　　o　　「オ」　　⎭　　　pâte　　　huître　　　côte

練習

　　olive　　　haricot　　　ris　　　ami　　　cas

37

【練習】動詞から過去分詞を作り、それを名詞につけて形容詞として使ってみよう。

① saler（塩をする）　　　　　　　　② râper（おろす）

動詞	過去分詞（〜した）		動詞	過去分詞（〜した）
saler →	....		râper →	....

形容詞　　　　　　　　　　　　　　　　　　　　形容詞

poisson	....		oignons	....
légumes	....		pomme	....
eau	....		carottes	....
aubergines	....		fromage	....

ポイント！

主材料の前に、**部位**あるいは**切り方**があるときは、形容詞は**部位**あるいは**切り方の性と数に合わせる**。

＜例＞

Filet de saumon poêlé
（男・単）
男性形・単

Filets de saumon poêlés
（男・複）
男性形・複

Escalope de foie gras poêlée
（女・単）
女性形・単

Escalopes de foie gras poêlées
（女・複）
女性形・複

〜 発音してみよう 〜

母音字が１つのときの読み方は？　・・・つづき

ローマ字と発音が違うもの

u　　「ユ」　　　　　　　jus　　　laitue

e　　「エ」、軽い「ウ」、「発音しない」　（P.74 参照）

　　　アクサン記号がついたら、ほとんど「エ」

練習

turbot　　café　　　thé　　　fruit　　　crêpe

【練習問題】右の動詞から形容詞を作り正しい形で下線部分に入れ、全体を訳してみよう。

① Jambon .... à l'ananas (braiser)

② Haricots verts .... au beurre (braiser)

③ Saucisses .... aux lentilles (fumer)

④ Foie gras frais .... aux girolles (pocher)

⑤ Poulet .... au cidre (sauter)

⑥ Saumon .... à l'aneth (mariner)

⑦ Côte de veau .... aux fines herbes (griller)

⑧ Foie gras de canard .... aux lentilles vertes (poêler)

～ 発音してみよう ～

母音字が 2 つのときの読み方は？　・・・新しい音になるよ

ai	「エ」	lait	laitue
ei	「エ」	seigle	neige

練習

épais　　　paix　　　mais　　　haie　　　fait

Leçon 5 　　「ポテトフライ」

　　　　ポテトフライ　→　フライにしたポテト

2. 《 er 》以外で終る動詞の過去分詞

「フライにした」を作るには

《 frit 》を、材料（名詞）の後に置き、形容詞として使う。
従って、修飾する名詞の**性**と**数**に応じて形が変わる。

pommes（de terre）　frites
　　（女・複）

> pommes de terre は
> 大地（terre）のリンゴという
> 意味だよ。略して pomme ということ
> もあるから注意！

【練習】《 frit 》を使って料理名を作ってみよう。

① フライドチキン　　　　poulet　　..................................

② 海老フライ　　　　　　crevettes　..................................

③ カボチャのフライ　　　potiron　　..................................

④ ズッキーニのフライ　　courgette　..................................

次の動詞はよく使われるので覚えよう。

| 《 re 》で終るもの・・・ 語尾が《 t 》に変わることが多い |

動詞	日本語訳		～した・男性形	～した・女性形
frire	(	) →	frit (フリ)	....
confire	(	) →	confit (コンフィ)	....

| 《 ir 》で終るもの ・・・ 語尾が《 i 》に変わる |

動詞	日本語訳		～した・男性形	～した・女性形
rôtir	(	) →	rôti (ロティ)	....
farcir	(	) →	farci (ファルスィ)	....

【練習問題】

（1）次の日本語に合うフランス語を作ってみよう。

① 若鶏のロースト　　　poulet　　...

② トマトの詰め物　　　tomates　...

③ ウズラのロースト　　caille　　...

④ イチゴのコンフィ　　fraises　　...

（2）右の動詞から形容詞を作り正しい形で下線部分に入れ、全体を訳してみよう。

① Courgette .... à la tomate　　　　　　　　　　（farcir）

② Tomates .... à l'ail　　　　　　　　　　　　　（rôtir）

③ Épaule d'agneau .... aux épices　　　　　　　（confire）

④ Poitrine de veau .... aux fines herbes　　　　（farcir）

⑤ Carré d'agneau .... aux haricots blancs　　　（rôtir）

41

3. 料理名の書き方　パターン Ⅱ

調理法を表わす形容詞（〜した）はどこに書くの？

基本的に（AⅡ）の後ろに置かれる。　　　　（P.26 パターンⅠ参照）

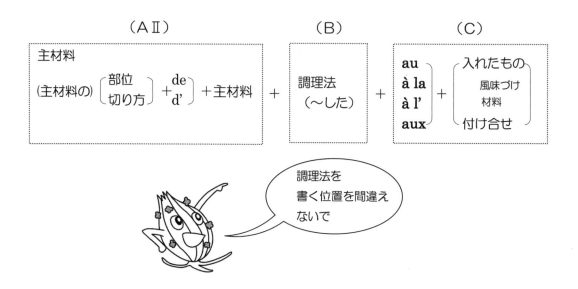

では、次の２つの料理名をフランス語で書いてみよう。

(1) 鯛の網焼き、エストラゴン風味
　　　（AⅡ）＋（B）　　　（C）

(2) 鯛のフィレの網焼き、エストラゴン風味
　　　（AⅡ）　＋　（B）　　　（C）

Ⅰ）（AⅡ）の部分は
　(1)では、
　　　　Daurade
　　　（女・単）

　(2)では、部位・切り方 ＋ de（d'）＋ 主材料の形になる

　　　　Filet de daurade
　　　（男・単）　（女・単）

Ⅱ）（B）の調理法を表わす形容詞「網焼き」は、

griller　　　→　　grillé
網焼きする　　　　　網焼きにした

従って⑴と⑵では次のようになる

⑴　**Daurade grillée**
（女・単）　　女性形・単

⑵　**Filet de daurade grillé**
（男・単）　　　　　　男性形・単

Ⅲ）（C）のエストラゴン風味は　　　**à l'estragon**　（男性名詞・単数）　（P.23 参照）

全体の料理名は次のようになる。

(1)　**Daurade grillée à l'estragon**
（AⅡ）　　　（B）　　　　（C）

(2)　**Filet(s) de daurade grillé(s) à l'estragon**
（AⅡ）　　　　　　　（B）　　　　　（C）

～ 発音してみよう ～

母音字が２つのときの読み方は？　　・・・つづき

au,　cau　　「オ」　　　café au lait　　chaud　　　sauce
eau　　　　veau　　　　agneau

練習

beau　　　　haut　　　　bateau　　　　mauvais　　　　peau

【練習問題】

次の料理名をフランス語で書いてみよう。（下線部分は動詞から形容詞を作ること）

① 舌平目の白ワイン蒸し（動詞 braiser から作る）

② オマール海老のポワレ、フレッシュハーブ風味

③ 鴨のもも肉のコンフィ、レンズ豆添え

④ ジャガイモのトリュフ詰め

⑤ 牛フィレ肉のポシェ、小野菜添え

⑥ ウズラのキノコ詰め

⑦ 仔羊の骨付き背肉（côtelettes）の網焼き、グリーンペッパー風味

⑧ アスパラガスのポシェ、赤ワイン風味

コラム 3

フランスの食材

キノコ (champignons)
シャンピニョン

キノコは、フランスの食卓を豊かにする食材の一つであり、トリュフを始めとして、高級食材の一つに数えられるものが多い。フランスでは、キノコ愛好家はシーズン到来を待ちわびて野山にキノコ狩りに繰り出す。収穫したキノコが食用か毒キノコかわからないときは、近くの薬局に持って行き判別してもらうのが昔からの習慣である。

レストランでよく料理されるキノコを紹介しよう。

Champignon de Paris
シャンピニョン ドゥ パリ

「マッシュルーム」17世紀にパリで栽培され始め、一定の温度と湿度を保てば容易に栽培できるため、現在は自生のものはほとんど売られていない。白色種と褐色種がある。1年中出回る。

Trompette de la mort
トロンペット ドゥ ラ モール

「クロラッパ茸」、直訳すれば「死のトランペット」という気味悪い名前がつけられているが、これは、色が喪服を連想させ、形はトランペットに似ていることから名づけられた。夏から秋にかけて森に自生し、枯葉の下にかたまって生えている。

Morille
モリーユ

「アミガサ茸」名前のとおり網目状のとがった傘を持ったキノコで、春から初夏にかけてシーズンが訪れる。栽培に向かず、自生のものがほとんどである。香りが高く高級食材として珍重される。ふつう乾燥させて売られている。

Cèpe
セップ

「セップ茸」「イグチ茸」松茸の軸を丸く太らせたような形をしたキノコで、グルメなフランス人に秋の到来を告げるものである。収穫時期は9月〜10月。イタリア産の物は「ポルチーニ」と呼ばれ、フランス産と同様高級食材として扱われる。生のものは口に含むとヘーゼルナッツの香りがする。自生の時期が限られているので、乾燥させて売られているものが多い。

Girolle
ジロール

「アンズ茸」アンズに似た香りがするので日本ではこう名づけられた。初夏から秋の初めにかけて生えるキノコ。オレンジに近い黄色で、じょうごに似た形をしている。肉質は引き締まり、珍重されるキノコの一つである。

Truffe
トリュフ

P.55 参照

Leçon 6　　「 鯛の網焼きプロヴァンス風 」

メニューの中で「プロヴァンス風」とか「ブルゴーニュ風」といった言葉をよく見かけるけど、フランス語ではどう書くのかな？

いろいろなパターンがあるけど、まず次の例から考えてみましょう

1.　「～地方風※」の書き方

```
à la  ）
à l'  ）  ＋  地方名※の形容詞の女性形・単数
```

※ 国名、都市名のこともある

＜例＞　「プロヴァンス風」の作りかた

地方名	形容詞（男）	形容詞（女）	～地方（国）風
プロヴァンス Provence　→	プロヴァンサル provençal　→	プロヴァンサル provençale　→	ア ラ プロヴァンサル à la provençale
（プロヴァンス地方）	（プロヴァンス地方の）	（プロヴァンス地方の）	（プロヴァンス風）

これを「鯛の網焼き」の後に置く

Daurade grillée à la provençale

【練習】次の地方名または都市名の形容詞を調べて、「～風」の形にしてみよう。

	形容詞（男）	形容詞（女）	～風
Normandie	....	....	....
Alsace	....	....	....
Bourgogne	....	....	....
Bordeaux	....	....	....

2. 料理名の書き方　パターン Ⅲ

「～地方（または国・都市）風」は料理名の最後に置く

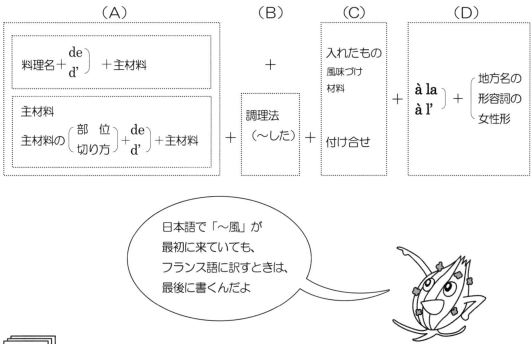

注意

風味や付け合せを表す《 à la 》あるいは《 à l' 》と形が同じなので混同しないよう気をつけよう。

　　　　　　　　　　　　　　　　　　日本語訳
　<例>　Crêpe à la normande　　　..
　　　　Crêpe à la menthe　　　　..

【練習問題】次の料理名をフランス語で書いてみよう。

① 仔羊の肩肉のロースト、ボルドー風

② ブルゴーニュ風エスカルゴ

③ アルザス風クエッチ（quetsche）のタルト

④ ノルマンディ風クレープ、カルバドス風味

Leçon 7　　ソース名を書いてみよう

1. ソース名の書き方

> (1) 《 sauce 》の後に食材の名前を直接つける。
>
> (2) 風味や入れてあるものを強調するときには、《 sauce 》と食材を
> 　　《 au, à la, à l', aux 》で結ぶ。

(1) ＜例＞

　　　トマトソース　　　　　　　　　・・・　sauce tomate
　　　アンチョビソース　　　　　　　・・・　sauce anchois

(2) ＜例＞

　　　赤ワイン風味のソース　　　　　・・・　sauce **au** vin rouge
　　　グリーンペッパー風味のソース　・・・　sauce **au** poivre vert

この２つの作り方でほとんどのソース名ができるよ

《 sauce hollandaise 》（ソース　オランデーズ）や《 sauce Colbert 》（ソース　コルベール）は何だろう？

形容詞や地名・人名がついたソース名は、伝統的に決まっているソースだから、それをそのまま使えばいいのよ

＜例＞　　　　　　　　　　　　　　　　　　　日本語訳

　　　sauce béarnaise（ベアルネーズ）　　………………………………………

　　　sauce américaine（アメリケーヌ）　………………………………………

　　　sauce Béchamel（ベシャメル）　　　………………………………………

2. ソース名の位置

> ソースを料理名に書き入れるときは、料理名の後に書く。

(1) 料理名の後にそのまま続けて書く。

<例>　　Homard soufflé **sauce crème**
　　　　　オマール海老のスフレ、クリームソース添え

(2) 前の料理名と《 , 》で区切ってソース名を入れる。

<例>　　Homard soufflé**, sauce crème**

(3) 前の料理名と《 à la 》 で結ぶ。

<例>　　Homard soufflé **à la sauce crème**

(4) 数種のソースを数字で表わすときは、《 aux 》で結ぶ。（sauce は複数形にする）

<例>　　Terrine de saumon frais **aux deux sauces**
　　　　　新鮮な鮭のテリーヌ、2種類のソース添え

【練習問題】次の料理名をフランス語で書いてみよう。

① 牛の背肉の網焼き、3種類のソース添え

② 鮭のフィレ、白ワイン風味のソース

③ 肥育鶏のファルシ（詰め物）、キノコソース

④ ウサギの背肉（râble）のロースト、マスタードソース

⑤ 豚の背肉（côtelette）、ポルト酒ソース添え

Leçon 8　　料理名の書き方・まとめ

　　　　　　　　　　　　　　　（A）　　　　　　　　　　　　　　　　　（B）

| 料理名あるいは主材料 | | 調理法 |

（AⅠ）

　① 料理名

　② 料理名 ＋ $\left.\begin{array}{l}\text{de}\\\text{d'}\end{array}\right]$ ＋主材料

＋

不要
（料理名ですでに
　調理法が
　わかるから）

　　　　　　　　　　　　　　　　　　　　　　　　　　　　　　　　　　　　　　＋

（AⅡ）

　① 主材料

　② 主材料 ＋ $\left.\begin{array}{l}\text{de}\\\text{d'}\end{array}\right]$ ＋産地名

　③ （主材料の）$\left.\begin{array}{l}\text{部位}\\\text{切り方}\end{array}\right]$＋$\left.\begin{array}{l}\text{de}\\\text{d'}\end{array}\right]$＋主材料

＋

調理法
　動詞の過去分詞
　（文法的には形容詞）
　「～した」の意

注意

―Aのブロックは必ず書く。
―B、C、D、Eは必要に応じて書く（常にあるとは限らない）が、書く場合はアルファベット順になる
―材料名や料理名には状態を表す形容詞がつくことがある。
―「～地方風」を《 à la 》を使わず形容詞のみで書くときは、他の形容詞と同様に名詞の後に直接置く

組み合わせの例

（AⅠ-①）	Salade
（AⅠ-①）＋（C）	Salade verte aux noix
（AⅠ-①）＋（D）	Salade à la grecque
（AⅠ-①）＋（E）	Salade verte(,) sauce vinaigrette
（AⅠ-②）	Salade de tomates
（AⅠ-②）＋（C）	Salade de tomates au basilic
（AⅠ-②）＋（D）	Salade de chou à la normande
（AⅡ-①）＋（B）	Poulet sauté
（AⅡ-①）＋（C）	Poulet à la moutarde

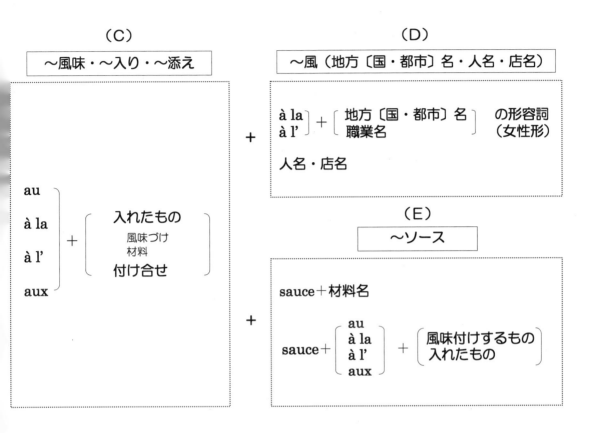

(AⅡ-①) + (B) + (C)	Poulet rôti à l'ail
(AⅡ-①) + (B) + (D)	Poulet rôti à la provençale
(AⅡ-②) + (C)	Poulet de Bresse à la crème
(AⅡ-②) + (B) + (C)	Poularde de Bresse braisée à l'estragon
(AⅡ-③) + (B)	Cuisse de poulet rôtie
(AⅡ-③) + (C)	Cuisse de poulet au miel
(AⅡ-③) + (D)	Cuisse de poulet à la provençale
(AⅡ-③) + (E)	Blanc de poulet, sauce moutarde
(AⅡ-③) + (B) + (C)	Cuisse de poulet rôtie aux herbes
(AⅡ-③) + (B) + (E)	Cuisse de poulet rôtie(,) sauce raifort

付け合せの書き方っていろいろあるの？

付け合せを表すには次のような書き方がある。

(1)　付け合せの前に《 au, à la, à l', aux 》を書く。(P.22 参照)

　　　＜例＞　Pigeon aux épices **à la** poire pochée
　　　　　　　鳩のスパイス風味、洋梨のポシェ添え

(2)　付け合せの前に《 et 》を書く。　　　et :「〜と」

　　　＜例＞　Pigeon aux épices **et** poire pochée
　　　　　　　鳩のスパイス風味、洋梨のポシェ添え

(3)　付け合せの前に《 , 》を書く。

　　　＜例＞　Pigeon aux épices, poire pochée
　　　　　　　鳩のスパイス風味、洋梨のポシェ添え

1つの料理名の中に同じ単語が繰り返されると料理名の美しさを損なうので、既に《 au, à la, à l', aux 》がある場合は、繰り返しを避けるために、(2)、(3)のどちらかにすることが多い。

最近、料理名は簡潔にされる傾向があり、(3)の表現が主流である。《 et 》の代わりに《 avec 》を書くこともあるが、あまり洗練された表現ではない。

《 et 》がソースの前に使われることがある。

【練習問題】次の料理名をフランス語で書いてみよう。（下線部分は動詞から作ること）

① 赤ピーマンのサラダ、タイム風味

② 黒オリーブ入りアンチョビのテリーヌ

③ ホウレン草入りカリフラワーのグラタン

④ フォワグラ入り鴨のソーセージ

⑤ リンゴのタルト、ノルマンディ風

⑥ 鶏レバーのテリーヌ、コニャック風味

⑦ ラングスティーヌ（手長海老）のロースト、オリーブオイル風味のジャガイモ添え

⑧ 七面鳥の栗詰め

⑨ ニンニク風味のトマトのロースト

⑩ 仔牛のすね肉の蒸し煮、シードル風味

⑪　洋梨のポシェ、赤ワイン風味

⑫　仔羊の骨付き背肉のロースト、エストラゴン風味

⑬　牛の背肉（côte）の網焼き、エシャロットソース添え

⑭　ブレス産肥育鶏のポワレ、レモンのコンフィ添え

⑮　ウサギのソテー、小玉葱添え

⑯　舌平目のフィレのポシェ、セップ茸添え

⑰　鯛のポワレ、トマトのコンフィ添え

⑱　帆立貝のマリネ、ライム風味

⑲　トマトのファルシ（詰め物）、プロヴァンス風

⑳　グリーンアスパラガスのサラダ、鴨のフォワグラのポワレ添え

コラム 4

フランスの食材

トリュフ (truffe)

トリュフは、フォワグラと共にフランス料理に欠かせない高級食材である。独特の香りを持つキノコの一種だが、他のキノコと違い、カシやハシバミなどの木の根元の地下数十センチの所で成育する。

歴史

トリュフの名が書物に出てくるのは 14 世紀頃である。17 世紀半ばにペリゴール地方で黒トリュフが発見され、以後貴族たちに賞味されていった。19 世紀に収穫のピークを迎えるが、その後減少の一途をたどり、現在では高嶺の花の食材となっている。

採取方法

11 月半ばから翌年の 3 月までが収穫の時期。昔は豚にトリュフを探させるのが一般的だったが、今日では、猟犬を使い、トリュフの香りを嗅ぎ分け、生えている場所を正確に教えられるように訓練する。犬に綱をつけ後を追い、犬が地面を掘り始めるとすぐにトリュフを掘り出す。
トリュフの栽培も盛んに行われているが、その成育には謎が多く、安定した収穫を得るには至っていない。

種類と産地

ヨーロッパのトリュフの種類はおよそ 30 種あるが、そのうち黒トリュフと白トリュフが有名である。

- 黒トリュフ (truffe noire（ノワール）)

「黒いダイヤモンド」と言われ、フランスのペリゴール産が有名。プロヴァンス地方やアルザス地方でも産出される。

- 白トリュフ (truffe blanche（ブランシュ）)

イタリアのアルバ地方が有名。9 月末から 12 月が収穫期。

製品

次のようなものがある。

　　　　フレッシュトリュフ
　　　　缶詰めや瓶詰め
　　　　トリュフジュース（生トリュフを煮出したもの）＝ジュ・ド・トリュフ (jus de truffe)
　　　　トリュフオイル

ステップアップ

1. 特殊な名詞

1）男性名詞と女性名詞

①「名詞+名詞」の場合：

主となる名詞（最初の名詞のことが多い）の性になる。

　　　＜例＞　　chou-fleur　　　　→　　男性名詞
　　　　　　　　男　女

②「名詞+形容詞」あるいは「形容詞+名詞」の場合：

名詞の性が単語の性になる。

　　　＜例＞　　petit pois　　　　→　　男性名詞
　　　　　　　　形　男

　　　　　　　　haricots verts　　→　　男性名詞
　　　　　　　　男　形

③《 de 》で結ばれた名詞の場合：

最初の名詞の性になる。

　　　＜例＞　　pomme de terre　→　　女性名詞
　　　　　　　　女

2）複数形の作り方

> 原則：単数形 ＋ s＝ 複数形

［例外］

⑴ 《 u 》で終わる単語の複数形は、次のようになる。

    ① 《 au, eau, eu 》で終わる単語　　→ 《 x 》をつける。

        ＜例＞　　couteau　→　couteaux

    ② 《 ou 》で終わる単語　　→　原則として 《 s 》をつけるが、
                                    《 x 》をつけるものがある。

        ＜例＞　　clou　　→　　clous

                chou　　→　　choux

⑵ 《 al 》で終わる単語は 《 aux 》に変わる。

        ＜例＞　　シュヴァル　　シュヴォ
                cheval　→　chevaux

                アニマル　　　ア ニ モ
                animal　→　animaux

発音が
変わるよ

⑶ 「名詞＋名詞」、「名詞＋形容詞」あるいは「形容詞＋名詞」の場合：
それぞれの単語を規則に従って複数にする。

        ＜例＞　　chou-fleur　　→　　choux-fleurs

⑷ 《 de 》で結ばれた名詞は、最初の名詞だけを複数形にする。

        ＜例＞　　pomme de terre　　→　　pommes de terre

【練習】次の単語を複数形にし、発音してみよう。

  ① gâteau　......................　　② cheveu　......................

  ③ bocal　......................　　④ hibou　......................

2.　「 トマトとキュウリのサラダ 」

〇〇 と 〇〇　→　〇〇 et 〇〇

「トマトとキュウリのサラダ」の場合

トマトは主材料　　de tomate
キュウリは主材料　de concombre　》《 et 》でつなぐと de tomate et de concombre

従って、　　　　Salade de tomates et de concombres

> 主材料が２つ続くときは、《 et 》でつなぎ、原則として《 de 》をくり返す

【練習問題】次の料理名をフランス語で書いてみよう。

① レタスとグリーンピースのスープ

② ジャガイモとトリュフのベニェ

③ 大正海老（ gambas：女 ）とフレッシュパスタのサラダ

コラム 4

フランスの食材

ビオ（BIO）食品

フランスでは「ビオ」という言葉を耳にすることが多いが、これは《 biologique 》の略で、英語の「オーガニック（organic）」と同じ意味で有機栽培のことである。無農薬有機栽培で生産され、フランス政府公認の機関が行う厳しい検査に合格した食料品には、緑色のロゴマーク《 AB 》をつけることができる。
ABは、《 agriculture biologique 》の略であり、AOP※と同様に公式な品質認定証である。そのため消費者のロゴマーク《 AB 》への信頼は高い。

※P.123参照

フランス人消費者の間ではこのビオ食品への関心が急速に高まってきており※、スーパーで《 AB 》マークのついた食品が一般の食品と共に並んでいるのをよく見かける。また、ビオ食品専門の marché（市場）も開かれ、多くの常連客でにぎわう。ビオ製品の専門店も増えてきており、店には、生鮮食品、パン、加工品の他に化粧品なども置かれている。ビオ製品はワインにもあり、無農薬有機農法のぶどうで造ったワインをいう。日本にもすでに輸入され、「ビオワイン※」または「オーガニックワイン」として販売されている。

※P.124参照

マルシェの店に掛けられていたビオ食品のロゴマーク

このロゴマークは次のことを保証する
農作物：化学肥料、合成殺虫剤を使用せず、遺伝子組み換え作物ではない。
食　品：食品成分の95％以上が有機栽培で作られたものである。合成着色料、合成香料、合成添加物、合成保存料不使用。

※参考になる映画
「未来の食卓」（原題《Nos Enfants Nous Accuseront》2008年　フランス）
　南仏の小さな村での学校給食と高齢者の宅配弁当をオーガニック食品で作るという画期的な取り組みと村人たちの反応を描いた作品。

3. 「 人参のサラダ、レモンとニンニク風味 」

レモン風味　　au citron
にんにく風味　à l'ail

《 et 》でつなぐと au citron et à l'ail

従って、「人参のサラダ、レモンとニンニク風味」は、

$$\text{Salade de carottes au citron et à l'ail}$$

> 風味づけするもの、入れたもの、付け合わせが 2 つ以上になるときは、
> 《 et 》でつなぎ、そのあとに《 au, à la, à l', aux 》を繰り返す。

【練習問題】

(1) 下線部分に《 au, à la, à l', aux 》を入れ、全体を訳してみよう。

① Huîtres froides ＿＿＿ raifort et ＿＿＿ cresson

② Cuisses de grenouilles ＿＿＿ purée d'ail et ＿＿＿ jus de persil

③ Gâteau ＿＿＿ chocolat et ＿＿＿ noix fraîches

（2）次の料理名をフランス語で書いてみよう。

①　ジロル茸とキャビア入り帆立の貝柱のサラダ

②　仔牛のレバー、蜂蜜とレモン風味

③　栗のコンフィ、小玉ネギとクルミ添え

④　カキの温製、フェンネル（ウイキョウ）とカレー風味

⑤　リンゴと干しブドウのクラフティ（ clafoutis ）

～ 発音してみよう ～

母音字が 2 つのときの発音は？			
ou	「ウ」	chou	couteau	moule
oi	「ワ」	noix	foie	pois

練習

beaucoup	loup	nouveau	rouleau
toit	moi	boisson	soie

61

4.　　形容詞・・・原則に当てはまらない形容詞

<例>　①　　新鮮なキュウリ　　concombre frais

　　　②　　新鮮なトマト　　　tomate fraîche

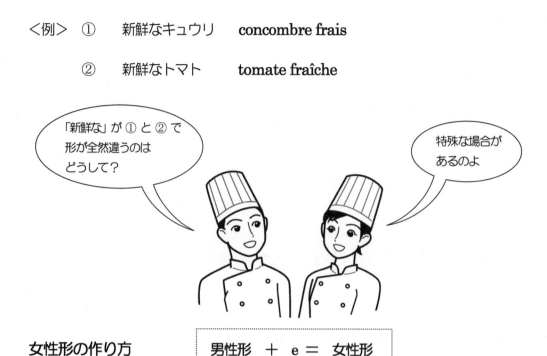

女性形の作り方　　男性形 ＋ e ＝ 女性形

[例外 1] 語尾が次のような形容詞

（男性形）	（女性形）	（男性形）		（女性形）	（訳）
エ（エール） er	エール ère	レジェ léger	→	....	....
オン on	オ ヌ onne	ボン bon	→	....	....
イヤン ien	イエンヌ ienne	アンスィヤン ancien	→	....	....

【練習】次の形容詞の訳を調べ、女性形に直し、読み方を書いてみよう。

（男・単）	（訳）	（女・単）	（読み方）
printanier	（　　　　）	....	....
tiède	（　　　　）	....	....

[例外 2] 特別な形の女性形になる形容詞

【練習】次の形容詞を調べ、変化させてみよう。

(男・単)　　　　　(訳)　　　　　　　　(男・複)　　　　　(女・単)　　　　　(女・複)

frais　　（　　　　　）　　………………………　………………………　………………………

sec　　（　　　　　）　　………………………　………………………　………………………

blanc　　（　　　　　）　　………………………　………………………　………………………

nouveau（nouvel）
　　　　（　　　　　）　　………………………　………………………　………………………

【練習問題】次の料理名をフランス語で書いてみよう。

① 春野菜のスープ

② 新ジャガイモのグラタン

③ グレープフルーツ風味の新鮮なイワシ

④ ベーコン入りサヤインゲンの温製サラダ

⑤ ホワイトアスパラガス、軽いマヨネーズを添えて

～ 発音してみよう ～

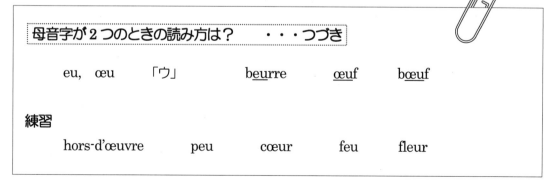

母音字が2つのときの読み方は？　・・・つづき

　　　eu, œu　　「ウ」　　　beurre　　œuf　　bœuf

練習
　　　hors-d'œuvre　　peu　　cœur　　feu　　fleur

5.　「 トマトとズッキーニのマリネ 」

主材料　トマト　................

　　　　ズッキーニ　................　　《 et 》でつなぐと　................ et ....

「マリネ」は料理名ではなく、調理の仕方を表す形容詞だから、名詞の後に置く。
この場合の形容詞《 mariné 》は、前の名詞によって次のようになる。

名　詞		形容詞（複数）
男性と男性	→	男性形・複数
女性と女性	→	女性形・複数
男性と女性	→	**男性形・複数**

「 トマトとズッキーニのマリネ 」の場合は、トマトもズッキーニも女性名詞だから

.... et ....　　................

【練習問題】次の料理名をフランス語で書いてみよう。

① 帆立貝とアンディーヴのバター蒸し　（braiser を使う）

② ピーマンとアンチョビのマリネ、タイム風味

③ テュルボと帆立の貝柱のポワレ、トマトのコンフィ添え

6. 「若鶏のロースト」… 2通りの書き方ができる料理名

「若鶏のロースト」は2通りのフランス語訳ができる。

① Poulet rôti

② Rôti de poulet

① は「ローストした」という調理法を表す形容詞。
② は「ロースト」という料理名、すなわち、名詞。

料理名にできる形容詞　　次の形容詞は名詞として料理名によく使われている。

形容詞	名詞（料理名）	形容詞	名詞（料理名）
sauté〔ソテーした〕 →	sauté〔ソテー〕	confit〔コンフィした〕 →	confit〔コンフィ〕
rôti〔ローストした〕 →	rôti〔ロースト〕	soufflé〔スフレした〕 →	soufflé〔スフレ〕
poêlé〔ポワレした〕 →	poêlée〔ポワレ〕		

【練習問題】（　　）内の動詞を適切な形に変えて下線部分に入れ、全体を訳してみよう。

① Cuisses de grenouilles .... aux fines herbes　　　　（ sauter ）

　　............ de cuisses de grenouilles aux fines herbes

② Volaille de Bresse .... aux truffes　　　　（ rôtir ）

　　............ de volaille de Bresse aux truffes

③ Coquilles Saint-Jacques .... au Noilly　　　　（ poêler ）

　　............ de coquilles Saint-Jacques au Noilly

参考4

料理名になった形容詞

croustillant（パリパリした、サクサクした）、fondant（溶けるような）のような形容詞が文の初めに置かれて、名詞として料理名に使われることもある。

＜例＞　Croustillant（クルスティアン） de selle d'agneau au romarin
　　　　仔羊の鞍下肉のクルスティヤン、ローズマリー風味

7. 「プロヴァンス風」ってどんな風？

＜例＞ Sardines à la provençale　　イワシのプロヴァンス風

この料理は、イワシをニンニクとオリーブ油でポワレし、ニンニク、パセリで風味付けしたトマトソースを添えたものか、ニンニク、パセリで風味付けして調理したトマトを添えたものが一般的である。 à la provençale（プロヴァンス風）と言う場合、通常、オリーブ油、ニンニク、トマトが使われている。　　　（P.117 参照）

> 「～地方（都市）風」はその地方の特産品を使ったり、伝統的な調理法を用いた料理に使われ、普通、その言葉を見ただけで、料理がイメージできる。

【練習】次の「～風」のフランス語を（　　）に書き、それぞれの特徴を調べてみよう。

①　ノルマンディ風　　（　　　　　　　　）

特徴 ....

②　アルザス風　　　　（　　　　　　　　）

特徴 ....

③　ボルドー風　　　　（　　　　　　　　）

特徴 ....

④　ブルゴーニュ風　　　（　　　　　　　　　　　）

特徴　‥‥‥‥‥‥‥‥‥‥‥‥‥‥‥‥‥‥‥‥‥‥‥‥‥‥‥‥‥‥‥‥‥‥‥‥‥‥‥

⑤　ニース風　　　　　（　　　　　　　　　　　）

特徴　‥‥‥‥‥‥‥‥‥‥‥‥‥‥‥‥‥‥‥‥‥‥‥‥‥‥‥‥‥‥‥‥‥‥‥‥‥‥‥

⑥　リヨン風　　　　　（　　　　　　　　　　　）

特徴　‥‥‥‥‥‥‥‥‥‥‥‥‥‥‥‥‥‥‥‥‥‥‥‥‥‥‥‥‥‥‥‥‥‥‥‥‥‥‥

注意　　　　　《 à la 》がつかない場合

⑴《 à la 》を省略する場合がある・・・前の名詞に従って形容詞を変化させる

(P.32 参照)

<例>　　Bœuf à la bourguignonne　　→　　　Bœuf bourguignon
　　　　　　　　　　（形・女）　　　　　　　　　（名・男）　（形・男）

⑵ 地名がそのまま《 à la 》 なしで使われる。

<例>　Poulet sauté Marengo　　　　若鶏のソテー、マレンゴ風

【練習問題】次の料理名をフランス語に訳してみよう。

①　ブルゴーニュ風ポーチドエッグ

②　仔牛のレバー、ボルドー風

③　ノルマンディ風オムレツ

④　リヨン風豚の耳のソテー

⑤　スズキのフィレの網焼き、ニース風ラタトゥイユ添え

8.　「フェルナン・ポワン風」ってなに？

「人名（店名）風」の書き方　　料理名 ＋ 人名（店名）

料理名の後に直接つける・・・一般的に《 à la 》はつけない※

＜例＞　舌平目のフィレ、ヌードル添え　フェルナン・ポワン風　（P.92 参照）

Filets de sole aux nouilles **Fernand Point**

【練習問題】次の料理名を日本語に訳し、下線部分が何を表しているか調べてみよう。

① Omelette Parmentier

② Filet de bœuf Rossini

③ Caneton Tour d'Argent

④ Potage Du Barry

⑤ Pêche Melba

※　人名の場合は、「〜にちなんで、〜に捧げて」という意味で《 à la 》なしで直接人名がつけられ、その人にちなんだ食材が使われる。まれに人名の前に《 à la 》がついていることもあるが、その場合は「〜のやり方で、〜の方法で」というニュアンスが強い。

参考5

「〜職業風」の書き方　| à la + 職業名の形容詞女性形 |

<例> Moules à la marinière （マリニエール）　　　ムール貝のマリニエール風（船頭風）

　　　Haricots blancs à la charcutière （シャルキュティエール）　白インゲン豆の豚肉屋風

このように à la marinière、à la charcutière など職業名の女性形が料理名につけられている
場合は特徴的な素材が使われたり、昔ながらの調理法が用いられている。

ただし、この《 à la 》は省略されることが多くなっている。

<例>　Sole meunière （ムニエール）　　　舌平目のムニエル

「舌平目のムニエル」
も、本来は《 à la 〜 》
が使われ「〜風」という
意味なんだよ

meunière （ムニエール）というのは、meunier （ムニエ）（粉屋、粉屋の）という意味の
形容詞女性形で、本来は、à la meunière （粉屋風）という形で
使われていた。この料理が舌平目に小麦粉をつけてバターでソテーする
ことから「粉屋風」と呼ばれていたのである。

「職業風」以外の例

① Blanquette de veau à l'ancienne （ランスィエンヌ）・・・・・・　仔牛のブランケット、昔風

② Filet de sole à la bonne femme （ボヌ　ファム）・・・・・・・　舌平目のフィレ、ボンヌファム風

③ Langoustines à la nage （ナージュ）・・・・・・・・・・・・・　手長海老のナージュ風

④ Pommes de terre à la vapeur （ヴァプール）・・・・・・・・　ジャガイモのア・ラ・ヴァプール

⑤ Œufs à la neige （ネージュ）　・・・・・・・・・・・・　ウ・ア・ラ・ネージュ

⑥ Choucroute à notre façon （ノトゥル　ファソン）・・・・・・・・・・・・　当店風シュークルート

【練習問題】　　　次の料理名をフランス語に訳してみよう（下線部分は複数にする）

au, à la, à l', aux, 形容詞 1

① ピスタチオ入り新鮮な鮭のテリーヌ

② 鴨の小さい温製パテ

③ キノコとベーコンのオムレツ

④ 季節の野菜サラダ、クルミ油風味

⑤ 帆立貝のカルパッチョ（carpaccio：男）、オリーブ油と
　パルメザンチーズ風味

⑥ エビとブロッコリーのサラダ、白ワインヴィネガー風味

⑦ 白トリュフ入りレンズ豆のクリームスープ

⑧ 春野菜入りラングスティーヌ（手長海老）のフリカッセ

⑨ 舌平目のムニエル、タイムとローズマリー風味のフレッシュパスタ添え

⑩ 子鴨のオレンジ煮（風味）、ホウレン草（入り）のタルトレット添え

形容詞 2（過去分詞）

① 大正エビ（gambas：女）のマリネ、生姜風味

② テュルボの筒切りのロースト、アーティチョークのソテー添え

③ ヒメジのフィレのポワレ、マッシュポテト添え（écraser を使う）

④ スズキのポシェ、または（ou）網焼き、レモンとコリアンダー風味

⑤ 仔牛レバーのブレゼ、新ジャガイモ添え

⑥ ブレス産若鶏のソテー、ズッキーニのフライ添え

⑦ 鶏もも肉のキノコ詰め

⑧ リブロースの網焼き、ベアルネーズソース

⑨ リ・ド・ヴォのソテー、トリュフのジュ（汁）添え

⑩ 仔牛のエスカロップのポワレ、カブのクリーム煮添え

9. 　　**総合練習問題** 　フランス語に訳してみよう（下線部分は複数にする）

① フレッシュフォワグラのテリーヌ、イチジクのコンフィ添え

② 鶏胸肉入りサヤインゲンの温製サラダ

③ グリーンアスパラガスのパイ包み※、オランデーズソース添え

④ キノコと野菜のマリネ、コリアンダー風味

⑤ スクランブルエッグ、トリュフのフォンデュを添えて

⑥ 松阪牛のフィレステーキ、ニンニクとパセリ風味のジャガイモ添え

⑦ オーストラリア産（Australie）の仔羊もも肉のロースト、香草風味

⑧ 牛ほほ肉の赤ワイン煮（braiser を使う）、クミン風味の人参添え

⑨ バナナのフランベ、ラム酒風味

⑩ とろけるような（moelleux）サヴァランとドライフルーツのコンポート

※ パイ包み（P.89 参照）

| コラム 6 |

フランスの食材

フォワグラ（foie gras）

世界の3大珍味の1つに数えられるフォワグラとは、foie（肝臓）gras（肥大した）と書くことでもわかるように、ガチョウや鴨に餌を無理やり多量に飲み込ませる強制肥育（gavage ガヴァージュ）をして、通常の約10倍に肥大させた肝臓のことである。

歴史
ガチョウの強制肥育は古代エジプトですでに行われていた。古代ローマではイチジクの実を食べさせたが、今はトウモロコシを主体にした粥状のえさを、チューブを使って強制的に食べさせている。昔はガチョウのフォワグラ（foie gras d'oie フォワグラドワ）が主流だったが、現在は鴨のフォワグラ（foie gras de canard フォワグラドゥカナール）が8割以上を占める。

飼育
生まれて4,5ヶ月までは、放し飼いで自然に健康に育てる。その後、薄暗い小屋に移し、運動をさせず、餌を強制的に与え続ける。トウモロコシを半蒸しにして、ガチョウの脂と塩を混ぜ合わせた粥状の餌をチューブから強制的に流し込んでいく。この作業は1日に2、3回行われ、約2週間続く。こうして通常の約10倍に肥大した肝臓になる。

産地
フランス南西部のペリゴール地方※とランド県がフランスの全生産量の75％を占める。アルザス地方やラングドック地方も産地として有名である。

※ P.119 参照

製品
次のような製品がある。

　　　生フォワグラ（foie gras cru クリュ）

　　　加熱済みフレッシュフォワグラ（foie gras frais フレ）：
　　　　　缶又は容器で密閉するか、真空パックにし低温殺菌したもの
　　　高温殺菌フォワグラ（foie gras en conserve アンコンセルヴ）：高温殺菌器で殺菌したもの

料理
　　　フォワグラのパテ（Pâté de foie gras パテドゥフォワグラ）
　　　フォワグラのテリーヌ（Terrine de foie gras テリーヌドゥフォワグラ）

10.　フランス語のつづり字と発音の規則

母音字　a[a]　e[e]（ウ、エ、無音）　i[i]　o[o]　u[y]　y[i]

1. **母音字１つ**：　原則としてローマ字読みになる　　例外：＜e＞＜u＞

　　　　　アクサン記号がついてもほとんどの場合発音は変わらない

　　　radio　ris　sole　jus　mûre　côte　île　pâte
　　（ラディオ　リ　ソル　ジュ　ミュール　コートゥ　イル　パートゥ）

　＜e＞の発音　　　＜例＞：**crevette**（クルヴェットゥ）

語頭、語中の＜e＞
　① ＜e＞＋ 子音字１つ　　軽い「ウ」　　　melon　menu　demi
　② ＜e＞＋ 子音字２つ　　「エ」　　　　　terrine　galette　dessert
語末の＜e＞
　① ＜e＞で終わる時　　「読まない」　　salade　tomate　laitue
　② ＜e＞＋ 子音字１つで終わる時「エ」　filet　navet　sorbet
é, è, ê,　　ほとんどの場合「エ」　　　　pâté　bière　crêpe

＜e＞の発音は、単語の中のどこにあるかで決まるんだ！

2. 母音字が 2 つ以上 ： 別の 1 つの音になる（ローマ字読みできない）

①	ai	「エ」	lait	mai	frais
	ei	「エ」	seigle	neige	beignet
②	au, eau	「オ」	sauce	veau	pruneau
③	ou	「ウ」	roux	poulet	moule
④	eu, œu	「ウ」	beurre	œuf	vapeur
⑤	oi	「ワ」	pois	poisson	froid

特殊な例

① i,u,ou + 母音字：　「イ」「ユ」「ウ」と次の母音を一息に発音する。

miel　piano　fruit　truite　bouillon　oui

② ill, 母音字 + il ：　「イユ」

ail　caille　morille　bouteille　cerfeuil　nouille

例外：millefeuille（ミルフィユ）　ville（ヴィル）

3. 母音字 + m, n ：　鼻母音になる（口と鼻から息を抜くように発音）

<例>　**un bon vin blanc**（アン　ボン　ヴァン　ブラン）

①	am, an	「アン」	orange	jambon	langouste
	em, en	「アン」	endive	entrée	camembert
②	om, on	「オン」	concombre	fond	thon
③	im, in	「アン」	vin	moulin	simple
	aim, ain, ein	「アン」	pain	faim	rein
	um, un	「アン」	un	parfum	lundi
④	ym, yn	「アン」	thym	symbole	sympathique
⑤	ien	「イヤン」	bien	rien	combien
	oin	「オワン」	point	coing	moins

特殊な例

m, n が連続する時は鼻母音にならない　<例> pomme（ポム）　consommé（コンソメ）

| 子音字 | 後に母音字が来るときは、ローマ字を読むように組み合わせて発音する。ただし、次の場合は気をつけよう。 |

1. c
- ① 後に子音字がくる場合 「ク」 — crabe　crevette　croûton
- ② c + a,o,u 「カ」「コ」「キュ」 — café　cocotte　cumin
- ③ c + e,i ,y 「ス（セ）」「スィ」 — cerise　cercle　citron

ç 「サ行」の音 — ça　français　garçon

2. g
- ① 後に子音字がくる場合 「グ」 — gratin　griller　grenouille
- ② g + a,o,u 「ガ」「ゴ」「ギュ」 — gâteau　escargot　légume
- ③ g + e,i,y 「ジュ（ジェ）」「ジ」 — gelée　geste　gibier
- ④ gue 「グ」 — figue　mangue
- ⑤ gui 「ギ」 — anguille　bourguignon

3. s, ss
- ① 後に子音字がくる場合「ス」 — asperge　langouste　muscade
- ② 後に母音字がくる場合ローマ字読み — salade　sirop　poisson
- ③ 母音字 + s + 母音字 「ザ行」の音 — sésame　raisin　maison

4. ch 「シュ」のような音 — château　chicorée　chou
例外：「ク」 — technique

5. gn 「ニュ」のような音 — cognac　agneau　champagne

6. q, qu 「ク」のような音 — coq　quiche　pastèque

7. r 後に子音字がくる場合 「ル」 — tarte　sardine　moutarde
後に母音字がくる場合ローマ字読み — radis　riz　romarin

発音しない文字　（P.19 参照）

h の発音　　　《 h 》は単独では決して発音されない。

ただし、《 de, le, la 》のあとにつづく場合は気をつけよう。

①　母音字扱いをされる場合・・・母音字省略やリエゾンがされる

<例>　辞書での表示　　　　　　de の後　　　　le, la の後

huile　　　　→　　　d'huile　　　　l'huile
　　　　　　　　　　　　　　デュイル　　　　リュイル

②　子音字扱いをされる場合・・・辞書では † 印がついている

<例>　辞書での表示　　　　　　de の後　　　　le, la の後

† haricot　　→　　　de haricot　　　le haricot

† homard　　→　　　de homard　　　le homard

母音字省略 (élision)　エリジョン

《 le, la, de 》は、その後に母音字、または母音字扱いをされる《 h 》で始まる単語が続くと《 l', l', d' 》となり、次の単語と組み合わされる。

アポストロフを無視してそのままローマ字読み

le, la + 名詞（母音字、または母音字扱いの h で始まる）

la orange　→　l'orange　　　　le hôtel　→　l'hôtel
ラ オランジュ　　ロランジュ　　　　　ル オテル　　　ロテル

de + 名詞（母音字、または母音字扱いの h で始まる）

jus de orange　→　jus d'orange　　　maître de hôtel → maître d'hôtel
ジュ ドゥ オランジュ　　　ジュ ドランジュ　　　メートゥル ドゥ オテル　　　メートゥル ドテル

リエゾン (liaison)

フランス語ではつづり字の最後の子音字は発音しないが、次に母音字（または母音字扱いの h）で始まる語が来ると一緒に続けて発音する。これをリエゾンという。その際、《 s 》《 x 》は「ズ」、《 d 》は「トゥ」の音になる。調理用語では次のような単語でリエゾンされる。

<例>　fines herbes　　　aux herbes　　　aux épices　　　grand abricot
　　　　フィーヌ ゼルブ　　　オ ゼルブ　　　　オ ゼピス　　　　グラン タブリコ

77

11. 発音練習問題

次の単語を読んでみよう

1. 母音字、発音しない文字

roi	jus	feu	paix	froid
four	hôtel	beau	bout	haut
mais	bateau	haie	rue	début

2. ＜ e ＞ の発音

le	les	petit	nez	purée
buffet	mère	épais	effet	forêt
bière	mirepoix	marmelade	sel	crevette

3. 鼻母音（ 母音字 ＋ m, n ）

entrée	fondant	moulin	jambon	thym
brun	enfant	pain	camembert	concombre

4. ＜ il, ill ＞ の発音

corail	famille	bouteille	feuille	appareil

5. ＜ c ＞ の発音

cerise	cuvée	civet	coupe	cépage
colin	cercle	façon	compote	cacahouète

6. ＜ g ＞ の発音

gros	garniture	gigot	goût	gaufre
gilet	gelée	gourmet	meringue	gingembre

7. ＜ s ＞ の発音

aspic	sauvage	sirop	mousse	boisson
savarin	maison	saucisse	cousin	japonaise

8. ＜ ch ＞ の発音

chaud	chez	chocolat	château	chinois
bouche	chèvre	chicorée	cheveux	chasseur

9. ＜ gn ＞ の発音

agneau	mignon	beignet	armagnac	campagne

10. 総合

relais	chapeau	souhait	hôtesse	sucette
gobelet	ciseau	parmesan	mollet	verre
cervelle	mûre	signal	pignon	premier
école	glaçon	théière	invité	pâtisserie
déjeuner	dîner	coquillage	moitié	cuisinier
gougère	capsule	Auvergne	paille	dernière

コラム 7

フランスの食材

エスカルゴ（escargot）

エスカルゴは、フランス料理を代表する食材で食用のカタツムリのことである。

歴史
古くから食べられており、ローマ時代にはすでに飼育されていた。
エスカルゴは、ぶどうの葉を食べるので、フランス有数のワインの産地であるブルゴーニュ地方の特産品になっていった。現在は養殖が盛んで、配合飼料で育てる。

種類
食用エスカルゴの代表的なものには、次の2種類がある。

ブルゴーニュ種（escargot de Bourgogne）
　gros blancとも呼ばれる。大ぶりで味わいがあるが成長が遅く、食用までに2，3年かかり、飼育に向かなかったが、最近は養殖も行われている。

プチ・グリ種（escargot petit gris）
　小ぶりで繁殖力が強く、孵化して3ヶ月半で出荷できる。南フランスを始め各地で養殖されている。

調理方法
下準備は、まずエスカルゴを10日間絶食させ、エスカルゴの腸を空にする。それを湯通しし、1個ずつ身を出し、洗いながらぬめりをとる。さらにクール・ブイヨンの中で1時間から1時間半煮る。
下準備に手間がかかるので、冷凍、缶詰、加熱済みで売られていることが多い。
料理法はいろいろあるが、ガーリックバターをエスカルゴの身と一緒に殻に詰めて、エスカルゴティエール（escargotière）と呼ばれる6個か12個の窪みのある専用の皿に入れオーブンで焼いてアツアツを供する料理 Escargots à la bourguignonne（ブルゴーニュ風エスカルゴ）※は、前菜としてよく食べられる。

※ P.118 参照

応用編

メニューの読み方

ポール・ボキューズのメニュー
パヴィヨン・ルドワイヤンのメニュー

ルセットの読み方

Leçon 9　　メニューの読み方 1

メニューとは？

日本で一般的に使われているメニューという言葉は、フランス語では《 carte 》(カルトゥ)と言い、この carte の中から好きな料理を選んで注文することを《 à la carte 》(アラカルトゥ)と言う。また、あらかじめ何品かが選ばれてセットされたコース料理のことを《 menu 》(ムニュ)と言う。

Carte の組み立て（右ページ参照）

```
                    Carte
           ①  Entrées (アントレ)
           ②  Poissons, Crustacés et Coquillages
               (ポワソン　クリュスタセ　エ　コキヤージュ)
           ③  Viandes et Volailles
               (ヴィヤンドゥ　エ　ヴォライユ)
           ④  Fromages (フロマージュ)
           ⑤  Desserts (デセール)
```

"メニュー" と "Menu" の違いをわかってネ

① Entrées ・・・前菜

　　Entrée は、メイン・ディッシュに入る前の料理の総称を指し、Hors-d'œuvre（オードブル）(オルドゥーヴル)と同義である。レストランによっては、Potages（スープの総称）まで含まれることもある。また、Entrée froide（冷製）と Entrée chaude（温製）に分けて書かれていることもある。
　　＊Entrée の前に Amuse - bouche〔=Amuse - gueule〕(アミューズ　ブーシュ／グル)（アミューズ）が出されることもある

② Poissons, Crustacés et Coquillages ・・・魚、甲殻、貝料理 ┐
③ Viandes et Volailles ・・・肉、鶏料理　　　　　　　　　　 ┘ 主菜
　　他に、Gibiers（野鳥獣料理）※(ジビエ)、Abats（内臓料理）(アバ)がある。　　　※ P.114 参照

④ Fromages ・・・チーズ

⑤ Desserts ・・・デザート

82

Carte

Entrées ············ ①

Salade de tomates au basilic

Terrine de foie gras d'oie

Consommé froid

Potage de légumes de saison

Poissons, Crustacés et Coquillages ····· ②

Daurade grillée au citron

Coquilles Saint-Jacques au gros sel

Fricassée de homard breton

Viandes et Volailles ·········· ③

Canard à l'orange

Filet de bœuf poêlé, sauce vin rouge

Poulet de Bresse sauté aux pommes frites

Fromages ·········· ④

Assiette de fromages de France

Desserts ·········· ⑤

Gratin de fruits rouges

Crèmes glacées et sorbets maison

Fondant au chocolat, coulis de menthe glacial※

※ glacial（氷のように）冷たい

コース料理の組み立て

Menu は Carte の中から一品づつを選んでセットしたもので、いくつかの組み合わせが考えられる。

- ✧ 前菜 1 品 + 主菜 1 品（魚か肉）+ デザート
- ✧ 前菜 1 品 + 主菜 1 品（魚か肉）+ チーズ + デザート
- ✧ 前菜 1 品 + 主菜 2 品（魚と肉）+ チーズ + デザート

Menu も、Carte と同様にレストランによって異なるが、通常、数種類のコースが用意されている。

＜例＞右頁のレストラン"ポール・ボキューズ（2018 年版）"※ の場合をみてみよう。

　　【Menu Bourgeois】（ブルジョワコース）では、前菜 1 品 + 主菜 2 品（魚と肉）となり、主菜の魚料理と肉料理の間に granité※（氷菓）が入っている。また、前菜の前に Amuse-bouche が付いている。

　　他に、前菜 1 品 +主菜 1 品（魚か肉）のコースもある。

最近では、シェフのこだわりや好みによって個性的な表現がされることもある。
また、レストランによっては、【Menu Dégustation】（試食用コース）や【Menu du jour】（本日のコース）が用意されている。

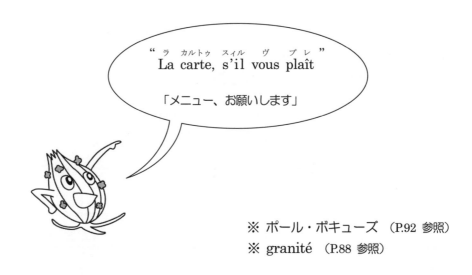

"La carte, s'il vous plaît"
「メニュー、お願いします」

※ ポール・ボキューズ（P.92 参照）
※ granité（P.88 参照）

Menu 'Bourgeois'

Amuse-bouche de l'Auberge

Homard entier en salade à la française

Filet de sole Fernand Point

Granité des vignerons du Beaujolais

Côte de veau rôtie en cocotte et ris, garniture bourgeoise

Sélection de fromages frais et affinés ≪ Mère Richard ≫

Délices et gourmandises

Petits fours et chocolats

€ 235 *par personne*

PAUL BOCUSE

Leçon 10   メニューの読み方 2

CARTE DE l'ÉTÉ 2018

ENTRÉES
·

Foie gras de canard **en terrine**,gelée au gingembre,chutney aux fruits secs 60

① · · · Soupe aux truffes noires V. G. E.　（plat créé pour l'Elysée en 1975）90

② · · · · · Escargots de Bourgogne **en coquilles** au beurre persillé 48

Escalope de foie gras de canard poêlée aux framboises 68

③ · · · · · · · · ·Homard entier **en salade** à la française 85

POISSONS
·

④ · · · · · Loup **en croûte** feuilletée, sauce Choron (pour 2 convives) 180

⑤ · · · · · Rouget barbet **en écailles** de pommes de terre croustillantes 72

⑥ · · · · · Quenelle de brochet aux écrevisses, sauce Normande 70

⑦ · · · · · · · · · ·Filet de sole Fernand Point※　　90

VIANDES
·

Bœuf et Veau d'origine France

⑧ · · Côte de veau rôtie **en cocotte** et ris, garniture bourgeoise （pour 2 convives）

150

⑨ · · · · Carré d'agneau « Côtes Premières » rôti à la fleur de thym 70

Fricassée de volaille de Bresse à la crème et aux morilles 70

⑩ · · · · · · · · ·Filet de bœuf Rossini, sauce Périgueux 75

Volailles servies entières pour 2 ou 4 convives :

Volaille de Bresse **en vessie** "Mère Fillioux" 260

⑪ · · · · · · · · ·Volaille de Bresse rôtie à la broche. 200

Toutes nos viandes et volailles sont accompagnées de légumes de saison

FROMAGES

⑫ · · · · · Sélection de fromages frais et affinés « Mère Richard » 35

DELICES et GOURMANDISES
·

Le choix parmi tous nos desserts de Grande Tradition française 40

※ Fernand Point（P. 92 参照）

ポール・ボキューズのメニュー

左ページのメニューはレストラン "**Paul Bocuse**" の Carte の抜粋である。番号の
ついた料理名を日本語に訳してみよう（下線部分は P. 88 の説明参照）。

① ....

② ....

③ ....

④ ....

⑤ ....

⑥ ....

⑦ ....

⑧ ....

⑨ ....

⑩ ....

⑪ ....

⑫ ....

ポール・ボキューズのメニューの補足説明

- Plat créé pour l'Elysée en 1975
  （プラ クレエ プール レリゼ）

    1975年、ポール・ボキューズがレジオン・ドヌール勲章を受け、エリゼ宮（大統領官邸）で行われた午餐会に招待されたときにジスカール・デスタン大統領（VGE=Valéry Giscard d'Estaing）のために創った料理。
    このように料理名に人名がつけられることがある（P.68 参照）。

- pour 2 convives　2名様用
  （コンヴィーヴ）

- Bœuf et veau d'origine France　フランス産牛肉と仔牛肉
  （ブフ エ ヴォ ドリジーヌ）

- côtes premières　背肉（carré）の後の部分。

- Volailles servies entières pour 2 ou 4 convives
  （ヴォライユ セルヴィ アンティエール プール）

    「鶏料理は、2名様，或いは4名様に一羽丸ごとお出しします」

- Toutes nos viandes et volailles sont accompagnées de légumes de saison
  （トゥートゥ ノ ヴィヤンドゥ エ ヴォライユ ソン アコンパニェ ドゥ レギューム ドゥ セゾン）

    「当店の全ての肉、鶏料理には季節の野菜が付いています」

- Mère Richard　「メール・リシャール（リシャールおばさん）」

    リヨン市街の市場にあるチーズ屋さん。サン・マルスラン（ドーフィネ地方の牛乳から作られるチーズ）の生成法を確立させたことで有名。

- Délices et Gourmandises　「美味しいものと甘いもの」＝desserts
  （デリス エ グルマンディーズ）

- le choix parmi tous nos desserts de Grande Tradition française
  （ル ショワ パルミ トゥ ノ デセール ドゥ グランドゥ トラディション フランセーズ）

    当店の伝統的なフランスのデザートの中からお選び頂けます。

- Granité des vignerons du Beaujolais　「ボージョレワインのグラニテ」
  （ヴィニュロン）

    直訳は「ボージョレ地方のぶどう栽培者のグラニテ」
    実際は、ボージョレワイン、クレーム・ド・カシス、クレーム・ド・フランボワーズで作られたグラニテ（シャーベットの一種）で、魚料理と肉料理の間に供されている。

《 en 》ってなに？

Foie gras de canard *en* terrine

《 en 》は料理名の中で、主材料 + en + 名詞（料理名、容器、形、包む材料）の形で使われ、「出来上がりの料理の状態」を表す。
《 de 》の重複をさけたり、少し凝った表現にする目的で使われる。

ポール・ボキューズのメニューでもしばしば使われている。
例に従って訳してみよう。

＜例＞	en terrine	テリーヌ、テリーヌ仕立て
	en coquilles	
	en salade	
	en croûte	
	en feuilleté※	
	en écailles	
	en cocotte	
	en vessie	

料理名 + de + 主材料 は、 主材料 + en + 料理名 に書きかえられる場合がある。

【練習】次の料理名を《 en 》を使って書きかえてみよう。

① Salade de filets de rouget

② Feuilleté de pâté de foie gras

③ Terrine de saumon frais

《 en 》を使って
ちょっとカッコ
よくネ！

※ croûte feuilletée という場合もある。

89

Leçon 11　メニューの読み方 3

Alleno Paris au Pavillon Redoyen

Entrées froides et chaudes

- Tarte de langoustine aux grains de caviar
  Traditionnel beurre blanc, pour deux personnes

- Cassolette de girolles au vin jaune et estragon

Le　Principal

- Sole au beurre côté < peau noir >

- Ris de veau soufflé au vin jaune
  Salade de girolles à l'estragon et aux amandes fraîches

- Bœuf wagyu à la plancha quenelle de crème d'olive noire
  Beignets de fleur de courgette
  Salade d'asperge verte à la langue écarlate au mouron des oiseaux

Desserts

- Pollen de pavot
  Tuile de brioche au beurre salé, miellat de sapin cultivé par M.Coutant

- Meringue au charbon de bois et cardamome, glace à la fleur d'oranger

Pavillon Redoyen（パヴィヨン ルドワイヤン）はパリのシャンゼリゼ公園の一角にある有名なレストランである。その歴史は大変古く、フランス革命直後の1792年、Doyenによって創業されたこの小さなレストランは当時の人々で賑わい、1814年にはレストラン・ルドワイヤンとなる。以後多くの人の手に渡るが"ルドワイヤン"は維持される。建物は度々改装され、第二帝政期の様式を取り入れた建造物としてパリ市から認定される。2014年、パリの老舗高級ホテル"Le Meurice"（ル ムーリス）のレストランからYannick Alleno（ヤニック アレノ）がシェフに就任。

Alleno Paris au Pavillon Redoyen（パリ・ルドワイヤン館のアレノ）
として翌年三ツ星を獲得し、現代的、創造的な料理を
提供している。

左ページは2018年のメニューの抜粋である。

日本語訳（参考）

アントレ冷製/ 温製
- 手長エビのタルト　キャビアをのせて
　　伝統的なブール・ブランソースで　　（2名様用）
- ジロル茸のカソレット　ヴァン・ジョーヌとエストラゴン風味

主菜
- バター風味の舌平目の表身（灰色の皮側）
　　オシェトラ・キャビアを混ぜたジャガイモのピュレ添え
- 仔牛の胸腺肉のスフレ　ヴァン・ジョーヌ風味
　　エストラゴン風味のジロルとフレッシュアーモンドのサラダを添えて
- 和牛の鉄板焼き（プランチャ焼き）　黒オリーブのクリームのクネル添え
　　ズッキーニの花のベニェと
　　クマツヅラ（ヴェルヴェーヌ）風味の塩漬け牛タンを混ぜた
　　グリーンアスパラのサラダと共に

デザート
- ケシの花粉を散らして
　　塩バター風味のブリオッシュのチュイル
　　Coutan 氏の育てた樅ノ木の甘露を添えて
- 竹炭とカルダモンのメレンゲ、オレンジの花のアイスクリームと共に

メニューを読むための基礎知識

1 le Guide Rouge Michelin　ミシュラン

ミシュラン社が出版する世界的に有名なフランスのホテル・レストランガイド（赤い表紙）※。掲載されているすべてのレストランの料理が、アシェット・ミシュラン、ビブグルマン、1つ星、2つ星、3つ星、の5段階で評価されている。フランスのシェフ達はこの星を獲ることを大きな目標にしている。

また、2007 年にミシュランガイド東京、2009 年にミシュランガイド京都・大阪、その後各地のガイドが出版されている。　　　　　　　　　　※ 緑の表紙は旅行ガイド。

2 Gault & Millau　ゴ・エ・ミヨ

ジャーナリストのHenri Gault と Christian Millau によって 1969 年創刊されたレストランガイド。レストランの評価はtoque（コック帽）の数（1〜5）で表わされ、さらに20点満点で採点される。レストランの評価の他に「今年のシェフ賞」「期待の若手シェフ賞」「最優秀パティシエ賞」など数々の賞を設けている。

3 Fernand Point （1897~1955）

レストラン「ラ・ピラミッド」のシェフ。20 世紀前半のフランス最高の料理人。料理の簡素化を究極まで進め、それまでのフランス料理の概念を根底から覆し、現代フランス料理に大きな影響を与えたといわれる。ポール・ボキューズ、アラン・シャペル、トロワグロを始め現代の大料理人の多くがその教えを受けている。

4 Paul Bocuse （1926~2018）

Fernand Point のもとで修行をし、1954 年、リヨン郊外コロンジュにある親の代からのレストランを引き継ぐ。1961 年、M.O.F.（フランス最優秀技術者)に認定され、世界的に有名になる。61 年、ミシュランの 1 つ星、62 年2つ星、65 年に3ツ星を獲得。日本料理から大きな影響を受け、70 年代は、トロワグロ等と共にNouvelle Cuisineのリーダーとしてフランス料理界に新風を吹き込む。以後、最期までフランス料理界に君臨した。

5 Troisgros（Pierre Troigros 1928 年生れ / Michel Troigros 1958 年生れ）

ジャンとピエール、トロワグロ家の兄弟はパリの「リュカ・キャルトン」、ヴィエンヌの「ピラミッド」などで修行を積んだ後、1953 年、ロアンヌにある父の店を継ぐ。1957年にミシュランの 1 つ星、65 年に2つ星、68 年に 3 つ星を取り、以来 3 つ星を守り続けている。トロワグロ兄弟は、ポール・ボキューズと共に、Nouvelle Cuisineのリーダーと言われる。1996 年、ピエールの次男のミシェルがトロワグロを引き継ぐ。

6 Joël Robuchon （1945~2018）

Nouvelle Cuisine 以後の Cuisine Moderneのリーダー。フェルナン・ポワンから続いてきた新しいフランス料理をさらに進めて、1980,1990 年代のフランス料理界に絶大な影響力を持ったカリスマ的料理人。1981 年、パリにレストラン「ジャマン」を開店、その後毎年連続してミシュランの星を獲得し一躍有名になる。96 年、突如体力の限界を理由に現役を引退、アラン・デュカスに店を譲るが2003年現役復帰。その後次々と事業を展開していたが2018年死去。

7 Alain Ducasse   1956 年生れ

南仏モナコの3つ星レストラン「ルイ・キャーンズ」のシェフを経て、1996 年、ジョエル・ロブションよりパリの店を任され、その後すぐに3つ星を獲得。パリ、モナコ、ロンドンで星を獲得し、現在は世界各地でレストランを展開。21世紀のフランス料理の担い手として最も注目を集めているシェフの一人である。

8 La   Pyramide   ラ・ピラミッド

リヨン近郊、ヴィエンヌのレストラン。父の跡を継いだフェルナン・ポワンが世界的に有名なレストランにした。ポール・ボキューズ、トロワグロ、アラン・シャペルなどがここで修行。20 世紀後半のフランス料理の発展に大きな役割をはたした。

9 Nouvelle Cuisine   ヌーベル キュイズィーヌ

1970 年代初めに、伝統的なフランス料理が、時代が求める流れに合わなくなったこと、また、繊細な日本料理の影響を受けたことなどから生まれた「新しい料理」を指す。ジャーナリストのゴーとミヨが提唱し、これにポール・ボキューズ、トロワグロなどが賛同して起こしたフランス料理界の歴史的な動き。材料の自然な味や色彩を生かし、盛り付けの美しさに気を配り、全体にあっさりとして洗練された味を特徴とする。

10 M.O.F. （Meilleur Ouvrier de France の略） フランス最優秀技術者

フランスの最も優秀な職人に与えられる称号。対象分野は80 種の多岐にわたり、3 年毎に厳しい選抜により認定される。認定者は公式の場で三色旗の色の紐のついたブロンズのメダルを、仕事中は仕事着に三色旗のカラーをつけることが許される。

11 Bocuse d'Or   ボキューズ・ドール

1987 年、ポール・ボキューズの呼びかけでフランスのリヨンで始められたフランス料理国際コンクール。2年に一度開催される。予選を勝ち抜いたシェフ達が、多くの観客とメディアの前でテーマ食材を5 時間半で調理するというフランス料理の大イベントである。ヤニック・アレノ、レジス・マルコンなど現在第一線で活躍する多くのシェフがこのコンクールの入賞者である。

文法のポイント

son, sa, ses
（ソン　サ　セ）

son, sa, ses は、本来所有を表す形容詞で、彼の（彼女の）という意味だが、料理名やレシピの中では、前の名詞を受けて「その」という意味で使われている。

<例> la viande et **son** jus　　　　　肉とその肉汁

* 料理名の中では特に訳さなくてよい。

* 後に続く名詞によって変化する。　→

son	+	男性名詞
sa	+	女性名詞
ses	+	複数名詞

<例> Soupe à l'ail et **son** aspic niçois　　にんにく風味のスープとニース風ゼリー
（スープ　ア　ライユ　エ　ソン　ナスピック　ニソワ）

Saint-Pierre poêlé au thym, **sa** peau croustillante
（サン　ピエール　ポワレ　オ　タン　サ　ポ　クルスティヤントゥ）

タイム風味のマトウ鯛のポワレ、パリッとした皮と共に

sur
（スュール）

「〜の上に」という意味を表し、次のような形で使われている。

<例> Marbré de chocolat chaud **sur** sa crème d'amandes
（マルブレ　ドゥ　ショコラ　ショ　スュール　サ　クレーム　ダマンドゥ）

温かいマーブル模様のチョコレート、アーモンドクリームにのせて

【練習】日本語に訳してみよう。

① Saucisson de pieds de porc et sa poitrine grillée, purée de pois chiches

② Saumon rôti sur sa peau au beurre rouge

③ Homard de Bretagne et son fumet clarifié

コラム 8

フランスの食材

カキ (huître)
フランス人のカキ好きは有名だが、最も好まれているのは生ガキ。殻をあけた生ガキにレモンを絞って食べ、殻に残っている海水も飲み干す。

冬になるとbrasserie（カフェレストラン）の店先にカキを売る屋台が設けられ、客が中で注文すると、écaillerと呼ばれるカキむき職人がナイフを片手に、器用に素早く殻を開けていく。皿に細かくくだいた氷をたっぷり敷き、その上に注文のカキとレモンを並べる。また、plateau de fruits de mer（海の幸の盛り合わせ）を注文すると、カキやムール貝、アサリ、ハマグリ等と一緒に、茹でた海老や蟹を大皿に並べられたものが供される。
カキの養殖は、ノルマンディ、ブルターニュ地方や大西洋岸、地中海で行われている。特にブルターニュ地方と大西洋岸のマレンヌ・オレロン地方が名高い。

種類
フランスのカキは大きく分けて2種類ある。

ヒラガキ (huître plate)・・・ブルターニュ産のカキはブロン (belon) と呼ばれる。

マガキ (huître creuse)

フランスに昔からあるヒラガキは、18世紀半ばに絶滅寸前の危機を迎えた。
そのためポルトガルから親ガキを輸入し養殖したが、これにも1960年代に病気が蔓延し、再びカキ養殖の危機を迎えた。そこで抵抗力があり、味が良いことから、ジャポネーズと呼ばれる日本のマガキが選ばれ、その稚貝を輸入し養殖に成功した。これが今日の《 huître creuse 》である。日本のカキがフランスのカキ養殖の危機を救ったともいえよう。
現在フランスで養殖されているカキの98%はクルーズである。特にマレンヌ・オレロン産のクレール (claire) と呼ばれる養殖地で一定期間熟成させ緑色をおびたマガキは、《 huître verte 》（緑ガキ）と呼ばれ、美しい色と味で人気が高い。
マガキは、市場では殻の大きさで0から5までの等級がつけられて売られている（数字が大きくなれば、カキは小さくなる）。

Leçon 12　　ルセットの読み方

```
ルセットの組み立て
    料理名
    材料 (ingrédients)
           アングレディヤン
    作り方
```

> フランス語では
> レシピのことを
> ルセット (recette)
> という

料理名　・・・Terrine / Gratin / Fricassée・・・

材料　　・・・légumes, poissons, viandes, épices, huile

　　　　　　　beurre, crème, alcools・・・

　　　材料と分量の表し方

(1) 個数、本数などで表されているとき：　　数字 + 材料（名詞）

　　　＜例＞　4 tomates　　　　　　　　4個のトマト

(2) kg、cℓ、mℓ などで表されているとき：　　容量 + de + 材料（名詞）

　　　＜例＞　20g de sucre　　　　　　　20g の砂糖
　　　　　　　　　　　　　サンティリットゥル
　　　　　　　1 cℓ (= centilitre) de crème　　1cℓ (=10mℓ) のクリーム

(3) 特殊な表現：
　　　　　　ユヌ　キュイエール　　　　　　キュイエール
　　　＜例＞　1　cuiller (= cuillère) à soupe de + 材料　　大さじ一杯の〜
　　　　　　　1 cuiller à café + de + 材料　　　　　　　　小さじ一杯の〜

【練習】次の表現の発音と訳を書いてみよう。

　　　　　　　　　　　　　　　　　　　　　　（訳）

① 1　verre　de　　+　材料
　（　　　　　　　　）　　--

② 1　feuille　de　　+　材料
　（　　　　　　　　）　　--

③ 1　botte　de　　+　材料
　（　　　　　　　　）　　--

④ 1　bouquet　de　+　材料
　（　　　　　　　　）　　--

⑤ 1　tranche　de　+　材料
　（　　　　　　　　）　　--

　注意　　　　フランス語の数字の "1" は、un と une の２つがあり、後に続く名詞の性別に
　　　　　　　　　　　　　　　アン　　ユヌ
　　　　　　　によって使い分ける。　＜例＞ un navet（名・男）une carotte（名・女）

96

【練習問題】

（1）　次の材料を訳してみよう。

①　1 bouquet de ciboulette ･････････････････････････････････

②　2 oignons moyens ･････････････････････････････････

③　1 cuiller à soupe de vinaigre ･････････････････････････････････

④　1 gousse d'ail ･････････････････････････････････

⑤　1 branche de céleri ･････････････････････････････････

⑥　1 tranche de pain de mie ･････････････････････････････････

（2）　次の料理名とその材料を訳してみよう。

①　Tarte au fromage de chèvre ･････････････････････････････････

　　Ingrédients pour 6 personnes ･････････････････････････････････

　　　30g de farine ･････････････････････････････････

　　　30g de beurre, 1/4 ℓ de lait ･････････････････････ ･･････････････

　　　100g de gruyère râpé ･････････････････････････････････

　　　3 fromages de chèvre frais ･････････････････････････････････

　　　2 tranches de jambon ･････････････････････････････････

　　　2 jaunes d'œufs ･････････････････････････････････

　　　250g de pâte feuilletée ･････････････････････････････････

②　Maquereaux grillés au citron ･･･････････････････････････････

　　　4 maquereaux de 250 à 300g ･････････････････････････････････

　　　60g de beurre mou ･････････････････････････････････

　　　1 bouquet d'herbes mélangées ･････････････････････････････････

　　　(persil, thym, sauge, origan) ･････････････････････････････････

　　　1 citron non traité ･････････････････････････････････

　　　4 brins de romarin ･････････････････････････････････

　　　poivre blanc moulu ･････････････････････････････････

Leçon 13　　ルセットの読み方

作り方　| 動詞が**文の初めに**置かれる。**不定形と命令形**の場合がある。|

1）動詞の不定形が使われる場合

　　フランス語では、辞書に出ているつづり字のままの動詞を**不定形**と言う。

＜例1＞　**Monder　la**[※]　**tomate.**　　　　トマトを湯むきする
　　　　（動詞の不定形）　　目的語（名詞）

　　　基本形は、動詞の不定形 ＋ 目的語（名詞）であり、
　　　「〜を　〜する」と訳す。

　　　　　Emincer le concombre.　　　　　　　キュウリを薄切りにする

　　　　　Hacher les échalotes.　　　　　・・・・・・・・・・・・・・・・・・・・・・・・・・・・・・・・・・

　　　　　Eplucher l'oignon.　　　　　　　　・・・・・・・・・・・・・・・・・・・・・・・・・・・・・・・・・・

　　　　　　　　　　　※ la（le, l', les）については（P.106 参照）

＜例2＞　**Couper la tomate en quartiers.**　　　トマトを「櫛形」に切る
　　　　（動詞の不定形）　目的語（名詞）

　　　例2のようにいくつかの動詞には、**en ＋ 形・数を表す単語** が加わり、
　　　「〜を〜の形・数にする」と言う意味になる
　　　　　動詞の不定形 ＋ 目的語（名詞）＋ en ＋ 形・数を表す単語

　　　　　Monter les blancs d'œufs en neige.　　卵白を「泡雪状に」泡立てる

　　　　　Couper les légumes en dés.　　　　・・・・・・・・・・・・・・・・・・・・・・・・・・・・・・・・・・

　　　　　Tailler le jambon en lanières.　　　・・・・・・・・・・・・・・・・・・・・・・・・・・・・・・・・・・

名詞と動詞の並び方が日本語とは逆だよ

98

文法のポイント

> Faire と Laisser
> が動詞の前につく
> 場合もあるよ

＜例1＞　**Faire**　chauffer　l'huile.　　油を熱する
フェール　ショフェ　リュイル

Faire chauffer ＝ chauffer と考える。

いくつかの動詞の不定形にはさらに faire※ と言う動詞の
不定形が加わるが、ルセットでは「～を　～する」と訳す。

Faire revenir（＝ revenir）les échalotes.　エシャロットを炒める

Faire bouillir（＝ bouillir）les pommes de terre.　ジャガイモをゆでる

注意　　※ faire は本来「～を作る、～する、～させる」という意味の動詞である。
　　　　＜例＞ faire la pâte brisée　　練りこみパイ生地を作る
　　　　　　　フェール ラ パートゥ ブリゼ

＜例2＞　**Laisser** mijoter le fond.　　フォンをとろ火で煮続ける
　　　　　　　レ セ ミジョテ

Laisser ＋ 動詞の不定形 ＋ 目的語（名詞）の場合は、「（～を）～のままにしておく」
「（～を）～しつづける」という継続の意味が含まれる。

【練習】　訳してみよう。

①　Préchauffer le four à 200℃.※

②　Laver et ciseler les légumes.

③　Incorporer les olives à la※ salade.

④　Fendre l'avocat en deux dans la longueur.

⑤　**Faire** suer les échalotes hachées dans l'huile d'olive.

⑥　**Faire** cuire les pommes de terre à l'eau※ bouillante salée.

⑦　**Laisser** réduire la sauce.

　　　　　　※ à, à la, à l'「～に、～で、～まで」　（P.110 参照）

99

【練習問題】　次のルセットを訳してみよう

Salade niçoise

....

Préparation ： 25 min

....

Pour 4 personnes：

....

1 laitue	....	1 boîte de thon	....
4 tomates	....	12 filets d'anchois	....
2 poivrons verts	....	2 œufs durs	....
1 concombre	....	12 olives noires	....
2 oignons	....	quelques feuilles de basilic	....
vinaigre, huile d'olive	....	sel, poivre	....

① Laver et égoutter tous les※légumes.　Effeuiller la laitue. Couper les tomates en huit.　Couper les poivrons en lanières.

....

② Eplucher le concombre et le※découper en rondelles.　Peler et émincer les oignons.　Emietter le thon.　Ecaler et couper les œufs durs en quartiers.

....

....

③ Dans un※saladier, mettre soigneusement※la laitue, les tomates, les poivrons, le concombre, les oignons, le thon et les olives.

....

④ Faire la vinaigrette avec※le vinaigre, l'huile, le sel et le poivre. Verser sur※la salade.　Décorer avec※les œufs durs, les filets d'anchois et le basilic.

....

....

※ tous les ~ すべての ~　※ le それを (le concombre を指す)　※ un 訳さなくてよい (P. 112 参照)
※ soigneusement ていねいに　※ avec （P.110 参照）　※ sur 〜の上に

100

イラスト1

切り方 （façon de tailler）ファソン ドゥ タイエ

野菜の切り方

émincer　薄切りにする
エマンセ

hacher　みじん切りにする
アシェ

cocotte・vapeur・château※
ココットゥ　ヴァプール　シャトー
ココット・ヴァプール・シャトー

batonnet　拍子木切り／バトネ
バトネ

julienne　千切り／ジュリエンヌ
ジュリエンヌ

quartier　櫛形切り／カルチエ
カルティエ

dés　さいの目切り
デ

paysanne　色紙切り
ペイザンヌ

魚の切り方

lever les filets　おろす
ルヴェ　レ　フィレ

darne　筒切り
ダルヌ

※ 長さ、太さによって呼び方が違う

Leçon 14　　ルセットの読み方

2）動詞の命令形が使われる場合

例1　**Mondez la tomate.**　　　　　トマトを湯むきしなさい
　　（動詞の命令形）　（目的語）

　　不定形の場合と同じように、動詞の命令形 + 目的語（名詞）となり、
　　「〜を 〜しなさい」と訳す。

例2　**Coupez la tomate en quartiers.**　　トマトを櫛形に切りなさい

　動詞の命令形は、ほとんどの場合、語尾の《 er 》が規則的に変化し、
《 ez 》に変わるが、いくつかの動詞は不規則に変化するので覚えておこう。

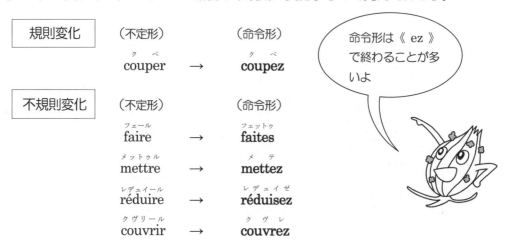

注意　辞書で意味を調べる時は命令形ではなく不定形（原形）になおして引かなければ
　　　ならない。

【練習】訳してみよう。

① Mélangez la farine et l'œuf.

② Nettoyez les feuilles d'épinard.

③ Videz, lavez, séchez les sardines.

④ Mettez la viande et les os dans une marmite.

⑤ Faites chauffer la sauce tomate.

⑥ Laissez reposer la salade au frais.

《 le 》と《 la 》については あとで詳しくネ

【練習問題】 次のルセットを訳してみよう。

1) Ratatouille

① Dans une grande poêle, faites fondre les oignons et les poivrons dans l'huile.

② Ajoutez l'aubergine, les courgettes et l'ail.　Faites cuire 2 à 3 minutes※ à feu moyen en remuant.※

③ Versez les tomates, le basilic et l'origan. Salez et poivrez. Portez à ébullition.

④ Baissez le feu, couvrez et laissez mijoter 10 à 15 minutes. Servez la ratatouille chaude.

　　　※ 2 à 3 minutes　　2〜3分　　　※ en remuant　　かきまぜながら

2) Soupe de chou-fleur à la noix de coco

Ingrédients pour 4 personnes

500g de chou-fleur

1 poireau lavé et émincé

2 branches de céleri émincées

300g de haricots blancs※égouttés

1 cuil. à soupe de pâte de curry

60cℓ de bouillon de légumes   1 gousse d'ail écrasée

2 cuil. à soupe d'huile   25cℓ de crème de coco

sel marin※ et poivre du moulin

feuilles de céleri et de coriandre, pour garnir

① Chauffez l'huile dans une casserole, à feu moyen. Ajoutez l'ail, le poireau, le chou-fleur et le céleri.

② Faites revenir le tout pendant 5 minutes à feu moyen. Ajoutez la pâte de curry et le bouillon de légumes, puis poursuivez※ la cuisson.

③ Couvrez et laissez cuire à feu doux pendant※ 10 minutes environ.

④ Ajoutez la crème de coco, les haricots, salez et poivrez à volonté. Chauffez la soupe pendant 3 minutes sans※ la faire bouillir.

⑤ Répartissez la soupe dans des bols de service et garnissez de feuilles de céleri et de coriandre fraîche.

※ haricots blancs　ここでは缶詰（boîte en conserve ボワットゥ アン コンセルヴ）を使っている

※ sel marin　海塩　　※ poursuivez　poursuivre　の命令形

※ pendant （P.161 参照）　　※ sans （P.111 参照）

イラスト 2

Leçon 15　　ルセットの読み方
ルセットを読むための文法のポイント

Monder la tomate et la concasser.　　トマトを湯むきし、（**それを**）粗くきざむ

Mondez la tomate et concassez‐la.　　トマトを湯むきし、（**それを**）粗くきざみなさい

初めの《 la 》は英語の《 the 》、
次の《 la 》は英語の《 it 》と
考えればいいんだよ

Monder la tomate の 《 la 》とは

名詞の前の 《 le, la, l', les 》 と 《 un, une, des 》

フランス語では原則としてすべての名詞に冠詞がつけられる。（訳さなくてよい）
ルセットの中では、材料のようにすでに示され限定されているものは《 le, la, l', les 》（定冠詞）
が付けられ、器具、道具を表す名詞は、限定されていないから《 un, une, des 》（不定冠詞）
が付けられる。これらの冠詞は、後にくる名詞の性、数によって形が変わる。

では、la concasser ／ concassez-la の 《 la 》はなに？

前の名詞《 la tomate 》の代わりをしている。

動詞の不定形の前、または、命令形の後の《 le, la, l', les 》

前に出た名詞の代わりをするもので代名詞と言い、「それ（ら）を（に）」という意味だが、
何を指しているかがはっきりわかっている時は省略されることがある。
この代名詞も前に出ている名詞の性や数によって形が変わる。

＜例＞ Eplucher l'oignon et le hacher.　　玉ネギの皮をむき、（**それを**）みじん切りする。

　　　Eplucher les oignons et les hacher.　　玉ネギの皮をむき、（**それらを**）みじん切りする。

ただし、命令形の場合、この《 le, la, l', les 》は動詞の後に《 - 》でつながれ、faire や laisser がつく時は 2 つの動詞の不定形の間にはさまれる。

<例> Epluchez l'oignon et hachez - **le**.　玉ネギの皮をむき、(**それを**) みじん切りしなさい。

　　　Ajoutez **les** poivrons et faites - **les** revenir.　ピーマンを加え、(**それらを**) 炒めなさい。

【練習】　《 le, la, l', les 》に気をつけて訳してみよう。

置かれる位置に
よって役割が違うよ

① Disposer les ingrédients sur un plat.

② Peler les carottes et les canneler.

③ Griller le pain et le frotter d'ail.

④ Couper le céleri en julienne et l'arroser de jus de citron.

⑤ Lavez les endives et taillez - les en fines lanières.

⑥ Faites cuire les haricots et laissez - les tiédir.

⑦ Mélangez la farine, l'œuf et le sucre et laissez - les reposer.

⑧ Hachez les échalotes et faites - les suer dans le beurre.

【練習問題】　次のルセットを訳してみよう 。

1）Médaillons de porc à la crème

Préparation : 15 min

Temps de cuisson : 10 min

Pour 2 personnes

---

4 médaillons de porc de 90g chacun

250g de champignons de Paris

1 cuil. à soupe de fond de veau

1 cuil. à soupe de farine

20g de beurre froid coupé en dés

1 cuil. à café de jus de citron

2 échalotes,1 bouquet de persil

125g de crème fraîche, 40g de beurre

5 cℓ de vin blanc sec, sel et poivre du moulin

---

① Nettoyer les champignons, les laver soigneusement, les sécher dans un papier absorbant et les couper en lamelles.

② Laver le persil, couper les tiges et le hacher finement. Peler les échalotes et les émincer. Saler et poivrer la viande et la passer dans la farine.

③ Chauffer la moitié du beurre[※] dans une poêle, y faire revenir les deux côtés des médaillons à feu vif, puis baisser le feu et les laisser cuire à couvert 2 minutes de chaque côté[※].

④ Retirer alors la viande et la dresser sur des assiettes chaudes.

⑤ Jeter la graisse de cuisson, faire fondre le reste de beurre dans la poêle ; y faire étuver les échalotes, ajouter les champignons et arroser aussitôt avec le vin.

⑥ Verser le fond de veau et la crème fraîche en remuant※. Porter à ébullition, parfumer de jus de citron, incorporer le beurre bien froid pour※ monter la sauce, ajouter le persil haché. Napper les médaillons de sauce.

※ du   de の変化（P.113 参照）
※ de chaque côté   それぞれの面を
※ en remuant   かきまぜながら（P.111 参照）
※ pour   〜のために、〜するために（P.111 参照）

2）Escargots à la bourguignonne

① Egouttez les escargots en conserve, rincez-les à l'eau tiède, plongez-les dans le court-bouillon et laissez frémir quelques minutes.

② Après refroidissement, égouttez les escargots.

③ Faites une farce avec le beurre, le persil, l'ail et les échalotes hachées, salez et poivrez. Mettez un escargot et une noisette de beurre travaillé※ dans chaque coquille.

④ Mettez au four à 240℃ jusqu'à※ ébullition.

※ travaillé   混ぜ合わせた
※ jusqu'à   〜まで　（P.112 参照）

Leçon 16　ルセットの読み方

重要表現のまとめ

♦　à （前置詞）　「 ～に、～で、～まで 」

    ＜例＞　Les cuire **à la** vapeur　　　　　　　それらを蒸気で熱する

          Monter **au** beurre　　　　　　　　　　バターで仕上げる

          Passer **au** chinois　　　　　　　　　　シノワで漉す

          Porter de l'eau[※] **à** ébullition　　　　水を沸騰させる

火加減の表し方	à feu vif	....
	à feu moyen	....
	à feu doux	....

♦　**avec** （前置詞）　「 ～で、～を使って、～と一緒に 」

    ＜例＞　Faire la mayonnaise **avec** le jaune d'œuf, l'huile, le vinaigre,

          le sel et le poivre.　卵黄、油、酢、塩、胡椒でマヨネーズを作る。

          Cuire les spaghettis 10 minutes en remuant

          avec une cuiller en bois.　スパゲッティを木さじで混ぜながら 10 分間茹でる。

♦　**de** （前置詞）　「 ～から、～の、～でできた 」

    ＜例＞　de 100g à 150g　　　　　　　　　100 g から 150 g まで → 100～150 g

ルセットでは、次の動詞は《 de 》と一緒に用いられることが多い。

    ＜例＞　**arroser de** vinaigrette　　　　　　フレンチドレッシングをかける

          saupoudrer de ciboulette hachée　みじん切りした浅葱を振りかける

          parsemer de persil haché　　　　　みじん切りしたパセリを散らす

          mouiller de vin blanc　　　　　　　白ワインを注ぐ

          garnir de rondelles de citron　　　レモンの輪切りを付け合せる

                                   ※ de l'eau 　（P.113 参照）

◆　　en（前置詞）　「 ～に、　～の状態に、　～でできた 」

　　＜例＞　couper **en dés**　　　　　　　　さいの目に切る

　　　　　　poisson **en filets**　　　　　　　フィレ状の魚 → 魚のフィレ

　　　　　　spatule **en bois**　　　　　　　　木でできたへら → 木べら

◆　　**en ～ant**　　「 ～しながら、～している時 」　　～ant は動詞の変化の一つ

　　＜例＞　remuer　　　かき混ぜる　　　→　en remuant　　　　かきまぜながら

　　　　　　retourner　　裏返す　　　　　→　en retournant　　　裏返しながら

　　　　　　mélanger　　混ぜる　　　　　→　en mélangeant　　　混ぜながら

◆　　**pour**　　「 ～のために、～用に、～するために 」

　　＜例＞　Réserver quelques feuilles de cresson **pour** la décoration.

　　　　　　　数枚のクレソンの葉を飾り用に取っておく。

　　　　　　Couper la tomate en deux **pour** retirer les graines.

　　　　　　　種を取り除くためにトマトを半分に切る。

◆　　**sans** + 名詞　「 ～なしに 」　　　**sans** + 動詞「 ～せずに 」

　　＜例＞　boisson **sans** alcool　　　　　　ノンアルコール飲料

　　　　　　chauffer **sans** faire bouillir　　　沸騰させずに熱する

◆　　**y**（代名詞）　「 そこに、そこで、そこへ 」

　　　　　　　《 à + 名詞 》、《 dans + 名詞 》の代わりをするもので、不定形の場合は
　　　　　　動詞の前、命令形の場合は後に置かれる。ただし、命令形で faire や laisser
　　　　　　がある場合は、2 つの動詞の間に置かれる。

　　＜例＞　Faire fondre le beurre **dans la poêle, y** ranger les filets.

　　　　　　　バターをフライパンに溶かし、そこにフィレを並べる。

　　　　　　Faites fondre le beurre **dans la poêle**, rangez‐**y** les filets.

　　　　　　　バターをフライパンに溶かし、そこにフィレを並べなさい。

　　　　　　Faites fondre le beurre **dans la poêle**, et faites‐**y** revenir l'oignon.

　　　　　　　バターをフライパンに溶かし、そこで玉ネギを炒めなさい。

参考7

1. **jusqu' à** 「～まで」

① jusqu' à ＋ 名詞 「～まで」

<例> **jusqu' à** ébullition　　　　　　　　沸騰するまで
　　　 jusqu'au lendemain　　　　　　　　翌日まで

② jusqu'à ce que ＋ 接続法 「～が～するまで」

<例> Remuer **jusqu' à ce que** la sauce épaississe.※

　　　ソースが濃くなるまで（ソースにとろみがつくまで）かきまぜる。

　　　Laisser cuire à petit feu **jusqu' à ce que** les légumes soient※ fondants.

　　　野菜がとろけるまで弱火で煮続ける。

　　　Faire cuire le fenouil de 5 à 7 minutes, **jusqu'à ce qu' il** soit※ tendre.

　　　フェンネルを5～7分、柔かくなるまで加熱する。

| 注意 | jusqu'à ce que　の後の文には接続法（動詞の変化のひとつ）が用いられる。 |

　　　※ épaississe … épaissir の接続法3人称単数形

　　　※ soient … être （～である）の接続法3人称複数形

　　　※ soit … être （～である）の接続法3人称単数形。il は人称代名詞（彼は、それは）
　　　　だがここでは fenouil を指す

2. **冠詞の種類と形の違い**　（P.106 の補足）

　　フランス語の冠詞はつく名詞の性（男性、女性）、数（単数、複数）によって形が変わる。

① 定冠詞 （ le, la, l', les ）　すでに出てきたもの、特定のものを示す名詞について
　　　　　　　　　　　　　　　「その」という意味を表す。

	定冠詞	単数	複数
男性名詞には	le	le concombre	les concombres
女性名詞には	la	la tomate	les tomates

ただし、母音字、または母音字扱いの《 h 》で始まる単語は性別に関係なく

	l'	l'avocat （男）	les avocats
	l'	l'huître （女）	les huîtres

② 不定冠詞（un, une, des ）　初めて出てきたもの、不特定のものを示す名詞について
　　　　　　　　　　　　　　　「ひとつの、いくつかの」という意味を表す。

	不定冠詞	単数	複数
男性名詞には	un	un plat	des plats
女性名詞には	une	une assiette	des assiettes

③ 部分冠詞（ **du, de la** ）　数えられない名詞（水、ワイン、油、バター、肉など）について「少しの、適宜」というような意味を表す（複数はない）。

	部分冠詞	単数
男性名詞には	**du**	du vin,　du beurre
女性名詞には	**de la**	de la viande
母音字、または母音字扱いの《 h 》で始まる単語は	**de l'**	de l'eau（ドゥ ロ）　de l'huile（ドゥ リュイル）

3. 前置詞と定冠詞（le, les）の縮約

前置詞の《 à 》と《 de 》は、その後に《 le 》か《 les 》がつく名詞がくると次のように変化する。意味は《 à 》、《 de 》と同じ。

à + le	→ au	**au** chinois
à + les	→ aux	**aux** légumes
de + le	→ du	**du** feu
de + les	→ des	**des** légumes

＜例＞　Ajouter un peu de sel au bouillon.　　塩少々をブイヨンに加える。
　　　　Retirer la casserole du feu.　　　　　　片手鍋を火からおろす。

イラスト 3

調理道具（ ustensiles ユスタンスィル ）

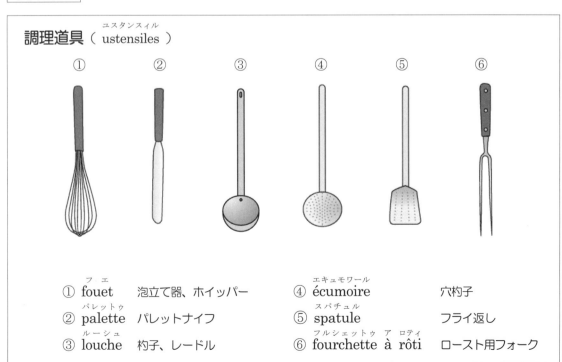

① fouet（フエ）　　泡立て器、ホイッパー
② palette（パレットゥ）　パレットナイフ
③ louche（ルーシュ）　杓子、レードル
④ écumoire（エキュモワール）　穴杓子
⑤ spatule（スパチュル）　フライ返し
⑥ fourchette à rôti（フルシェットゥ ア ロティ）　ロースト用フォーク

コラム 9

フランスの食材

ジビエ（Gibier）

ジビエとは、野生の鳥獣を狩猟によって捕獲した食材である。

フランスでは、9月から鳥獣の種類ごとに狩猟が解禁となり、1月中旬〜2月末まで肉屋さんの店頭はジビエで賑わう。羽などがついたままのジビエが所狭しとぶら下げられた光景は我々日本人には少々グロテスクに感じられるかもしれない。
しかし古くから狩猟によって食料を得てきたヨーロッパの人々にとってジビエは身近で大切な食材。レストランにとってもなくてはならない食材である。現在では、完全に野生のものは供給が不安定なので、生きたまま捕獲して餌付けしたもの、飼育してから一定期間野に放った demi sauvage（ドミ ソヴァージュ）（半野生）もジビエとして流通している。
ジビエは獲ってすぐに食べるのではなく、肉の旨みと香りを引き出すために数日をかけて熟成（faisandage フザンダージュ）させてから調理する。

ジビエは大きく次の2つに分類される。

gibier à plume（プリュム）　野禽類

col-vert（コル ヴェール）　真鴨
　北半球に分布する渡り鳥。雄の頭部が青緑色をしていることから青首とも呼ばれる。身が締まって赤みが濃く、血の香りが強い。雌の方が脂肪層が厚く、風味も強い。

sarcelle（サルセル）　小鴨
　野生種の鴨の中で最も小さく、使い勝手が良いことから人気が高い。

faisan（フザン）　キジ
　ヨーロッパでも日本でもポピュラーなジビエ。雄より雌のほうが肉質が柔らかく珍重される。

perdrix（ペルドゥリ）　ヤマウズラ / **perdreau**（ペルドゥロ）　ヤマウズラの雛（1年未満）
　フランス南西部に生息する代表的な野鳥。

gibier à poil（ポワル）　獣類

lièvre（リエーヴル）　野ウサギ
　くせが強く、肉質も硬いので調理に気を使う食材。古典の代表料理に1匹を丸ごと煮込む Lièvre royale（リエーヴル ロワイヤル）がある。

chevreuil（シュヴルイユ）　ノロ鹿　　くせの少ない淡白な赤身肉。

sanglier（サングリエ）　イノシシ / **marcassin**（マルカサン）　仔イノシシ（生後約6ヶ月未満）
　非常に野性味が強い。

資料編 Ⅰ

フランスの地方と料理

フランスのワイン

フランスのチーズ

調理場での会話 1.2

フランスの地方と料理

フランス料理は"地方の料理"

フランス料理には料理名にブルゴーニュ風、ボルドー風など、地方名がよく出てくる。それぞれの料理はその土地の特産の食材やワインを使い地方色が豊かに表現され、常に新しい工夫で新しい料理が創造されている。

フランス料理をよりよく知るために、主な地方の特色と料理についてみておこう。

★上記の地図は、このテキストで取り上げる主な地方名、都市名だけを記載しており、地方の分け方はフランスの行政区分とは多少異なっている。

Provence（プロヴァンス地方）

南は地中海、東はイタリアと国境を接し、地中海性気候に恵まれたこの地方は食材が豊富で、新鮮な魚介類や野菜を使った料理が多い。ニンニク、オリーブ油が多用されることなどイタリア料理の影響がみられる。

à la provençale（プロヴァンス風）と言う場合、通常、huile d'olive, ail, tomate が使われている。

特産物と料理： olive, huile d'olive, ail, tomate, courgette, poivron, aubergine , fenouil ,

fruits（ raisin, pêche, figue, melon, abricot, fraise, poire ）

agneau, mouton, herbes, safran, pastis

エルブ　ドゥ　プロヴァンス
herbes de Provence　　タイム、ローズマリー、ローリエ、バジル、サリエットなどの香草を混ぜ合わせたもの。主にグリルする時に用いられる。

次の料理と調味料を調べてみよう。

　　　　　　　　　　　　　　読み方

- Ratatouille　　　　（　　　　　　　）

- Bouillabaisse　　　（　　　　　　　）

- ailloli　　　　　　（　　　　　　　）

- anchoyade　　　　（　　　　　　　）

- pistou　　　　　　（　　　　　　　）

- tapenade　　　　　（　　　　　　　）

Bourgogne（ブルゴーニュ地方）

フランス中東部、パリ盆地南東に位置し、古くから南北ヨーロッパの交流の拠点である。ボルドー地方と並んでフランスを代表するワインの一大産地であり、ワインを使った料理が多い。

特産物と料理： escargot, moutarde（Dijon[ディジョン]）, pain d'épices, crème de cassis, vins de Bourgogne

次の料理名を日本語に訳してみよう。

- Coq au vin　　　　　　　　　　　　……………………………………………
- Bœuf bourguignon　　　　　　　　……………………………………………
- Sole au chambertin　　　　　　　　……………………………………………
- Escargots à la bourguignonne　　　……………………………………………

Lyonnais（リヨネ地方）

ブルゴーニュ地方の南のリヨネ地方の中心地 Lyon[リヨン] は、美食の都として知られる。周辺地域の新鮮で豊富な食材に恵まれ優れたレストランが多い。 トロワグロ、ポール・ボキューズのレストランもリヨン近郊にある。ブレスの鶏、シャロレ牛で有名。

特産物と料理： volaille（Bresse）, bœuf（Charolais[シャロレ]）, charcuterie[シャルキュトゥリ], grenouille, brochet, oignon, fromages※（bleu de Bresse, Beaufort）

※ P.126 参照

次の料理名を訳してみよう。

- Quenelles de brochet sauce Nantua　……………………………………………
- Soupe à l'oignon　　　　　　　　　……………………………………………
- Salade lyonnaise　　　　　　　　　……………………………………………
- Jambon persillé　　　　　　　　　　……………………………………………

南西部

フランス南西部は、フランス最大のワイン産地であるボルドーを中心に、アキテーヌ地方、ガスコーニュ地方、スペイン側のバスク地方と範囲は広く、それぞれに個性豊かな地方である。また、ボルドーの北東内陸部のペリゴール地方は、フランス料理の高級食材として欠かせないトリュフとフォワグラの産地である。

à la bordelaise（ボルドー風）は赤ワインとエシャロットを使ったソース、à la Périgueux（ペリグー）（ペリグー風）はトリュフ、à la périgourdine（ペリグルディーヌ）（ペリゴール風）はフォワグラとトリュフ、à la basquaise（バスケーズ）（バスク風）はトマトと赤唐辛子などその土地の産物が使われることが多い。

特産物と料理： huître（ Arcachon（アルカション）, Marennes（マレンヌ） ）, moule, truffe, foie gras, piment, vins de Bordeaux（数種類のぶどう品種のブレンド）

agneau de lait de Pauillac（ポイヤック）※

piment

次の料理名を訳してみよう。

- Matelote d'anguille　　　　　...

- Pipérade　　　　　...

- Filet de bœuf à la périgourdine　　　　　...

- Poulet à la basquaise　　　　　...

- Agneau de lait de Pauillac rôti au romarin　　　　　...

※ agneau de lait de Pauillac（ポイヤック） …ポイヤック産の乳飲み仔羊

ノルマンディー地方の仔羊 pré-salé（プレサレ）※ と並んで仔羊の産地として有名なボルドー地方ポイヤック村の乳飲み仔羊。
乳飲み仔羊とは、生後 2～3 ヶ月半羊小屋に閉じ込められ、母乳と少量の穀類だけで育てられた 12～13kg の仔羊である。
ポイヤックはボルドーワインで有名なメドック地区のポイヤック村で、昔からこの地の羊は収穫後のぶどう畑の葉や枝を「整理する」ために放牧され、その乳で育った仔羊の肉質は香ばしく白く柔らかい。

※ pré-salé　（P.120 参照）

Normandie（ノルマンディ地方）

パリの北西、セーヌ川が英仏海峡に注ぐ一帯で漁業が盛んであるが、内陸部は豊かな田園地帯で牧畜、農業が盛んに行われている。特に乳製品が有名で農家製のバター、クリームが料理にふんだんに使われ、**à la normande**（ノルマンディ風）、**sauce normande**（ソース・ノルマンド）、または、**à la crème**（クリーム煮）という表現が使われている。

また、ワインの代わりに cidre, calvados が使われ、付け合せとしてりんごを使うことも多い。

特産物と料理： beurre, fromages（camembert, pont-l'évêque（ポンレヴェック）），

pré-salé（磯の香りと塩味を帯びた agneau）, cidre, calvados

次の料理名を訳してみよう。

- Tripes à la mode de Caen（カン）　　　　　　..
- Sole à la normande　　　　　　　　　　　　..
- Lotte au cidre　　　　　　　　　　　　　　..

Bretagne（ブルターニュ地方）

北のノルマンディ地方から南西のブルターニュ地方にかけての
1200キロに達する大西洋沿岸は良港に恵まれ漁業が盛んで、
フランス国内で食べられる魚の1/3以上をここで水揚げしている。さらに、カキ、ムール貝、ホタテ貝の大規模な養殖も行われている。

homard

内陸部はソバしか育たない不毛の地とさえ言われていたが 近年、農業が発達し、穀類や野菜の生産量も多い。ソバ粉から作られるクレープが有名。

特産物と料理： homard, langouste, langoustine, crevette, huître, moule,

sel, fleur de sel（Guérande（ゲランド）），blé, sarrasin, crêpe, galette,

légumes（artichaut, chou-fleur, haricot vert）

次の料理名を訳してみよう

- Cotriade　　　　　　　　　　　　　　　　..
- Plateau de fruits de mer※　　　　　　　　..

※P.95 参照

120

Alsace / Lorraine （アルザス / ロレーヌ地方）

ドイツと国境を接するアルザス地方と、シャンパーニュ、イル・ド・フランス地方へと続くロ
レーヌ地方一帯は、他の地方に比べて生活習慣、風俗にドイツの影響がつよく、料理や菓子に
もドイツ風の素朴さとフランス風の繊細さが見られる。
名物は choucroute（キャベツの塩づけ）で、**à l'alsacienne**（アルザス風）といわれる場合、
料理に付け合せられていることが多い。他にもこの地方の特産として、フォワ・グラとアルザス
ワインがある。アルザスワインの特徴は単一のぶどう品種から作られ、品種名がワインの銘柄
になっていることである。

特産物と料理：foie gras, truffe, charcuterie （ハム、ソーセージなど豚肉加工食品）
fruits （mirabelle, quetsche）, madeleine, kouglof, vins d'Alsace

kouglof

次の料理・菓子を調べてみよう。

- Choucroute à l'alsacienne ....

- Pâté de foie gras en croûte ....

- Quiche lorraine ....

- Tarte aux mirabelles ....

その他の郷土料理（菓子）　フランス語に訳し、どの地方の料理（菓子）か調べてみよう。

- カスレ ....

- ドーフィネ風グラタン ....

- アリゴ ....

- ピュイ産※レンズ豆の温製サラダ ....

※ピュイ産の　du Puy（地名の le Puy の前に《 de 》が来るので《 du 》となる）　（P.113 参照）

121

フランスのワイン（Vins de France）

ワインの種類

① 非発泡性ワイン（スティルワイン）
  vin rouge （赤ワイン）
  vin blanc （白ワイン）
  vin rosé （ロゼワイン）

② 発泡性ワイン（スパークリングワイン）vin mousseux
  発酵中にできた炭酸ガスを一緒に閉じ込めてつくる
  ＜例＞ champagne

産地と主なぶどうの品種

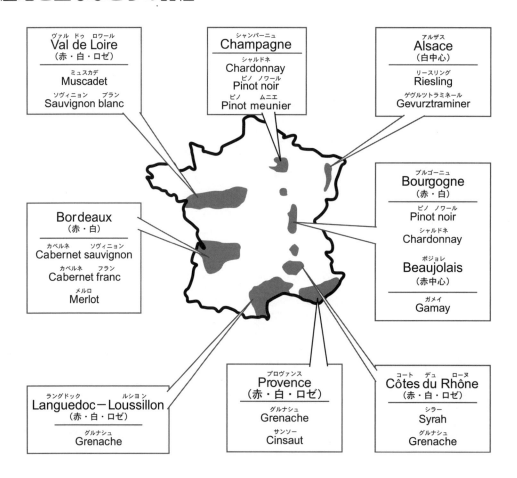

3）産地によるビンの形の違い：フランスのワインは産地によってビンの形が違う

主な産地のビンの形

① Alsace（アルザス）
② Bourgogne（ブルゴーニュ）
③ Bordeaux（ボルドー）
④ Champagne（シャンパーニュ）

4）ワインの分類

フランスワインはEU加盟国で統一した分類に基づき、下図のように分類されることになった。

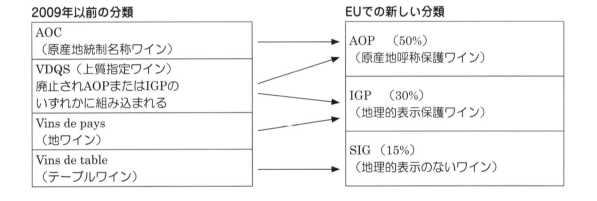

AOCとAOP

フランスで1935年に生産者および消費者保護のために制定された法律により、フランスワインは4カテゴリーに分類された。中でもAOC（Appellation d'Origine Contrôlée）（アペラスィオン ドリズィーヌ コントロレ）は、それぞれの生産地で栽培されるぶどうの品種、収穫量、製造方法、アルコール度数等が厳格に規定され、検査をパスしたものが格付けを認められた。次第に、ブランデー、チーズ、ブレスの鶏肉（P.25参照）等の農産物にもAOCが適用されていった。この法を基にして、2008年にEU加盟国統一の法律が成立し、フランスも2009年以降はEUの新しい規定ぐある原産地呼称保護名称AOP（Appellation d'Origine Protégée）（アペラスィオン ドリズィーヌ プロテジェ）を適用するようになった。AOCに認定されていた農産物はAOP呼称に全面的に変わったが、ワインだけは従来のAOCをそのまま使用することもできる。

5）ワインのラベル（étiquette）

ラベルに記載が義務付けられていること

① カテゴリーの名称　（例：VIN）：AOP、IGPは⑧の表示のみで可

② 生産国の名　（例：FRANCE）

③ アルコール度数　（例：12 % vol.）

④ 瓶詰め元の名前と住所（住所は郵便番号でも可）

⑤ アレルギー成分（亜硫酸）含有の表示　（例：Contient des sulfites）

⑥ ワインの容量　　ml またはcl（centilitre）で表示　　1cl＝10ml

⑦ 妊婦への警告メッセージまたはロゴ　

⑧ ワインの分類

分類	ラベルに義務付けられている表記
AOP （原産地呼称保護ワイン）	Appellation d'Origine Protégée Appellation d'Origine Contrôlée　も使用できる
IGP （地理的表示保護ワイン）	Indication Géographique Protégée Vin de Pays も使用できる
SIG　（地理的表示のないワイン） Sans Indication géographique	Vin de France

ラベルによく出てくる表示（記載の義務はないがよく出てくる表示）

millésime：ヴィンテージ（収穫年度：その年に収穫したぶどうを85%以上使用）

cépage：ブドウ品種

cru：高級ワインのぶどう園

domaine：Bourgogne地方のぶどう園を持った醸造所

château：Bordeaux地方のぶどう園を持った醸造所

Mis en bouteille par ~　　　　　　　　　　}　ぶどう園で元詰めされたことを示す
Mis en bouteille à（au）~

ビオワイン（**Vin biologique**）：オーガニックワインとも言う

　ビオワインの生産は年々増加している。2010年より、EUの規定に合格したワインにはEUのビオ農産物のロゴと認証コードが付けられる。フランス規定の有機農法によるブドウで造られたワインに任意で下記のロゴをつけ足すことも多い。（P.59参照）

EUのロゴ（必須）　　　　　フランスのロゴ（任意）

Étiquetteをみてみよう

実際のétiquetteの中に記載されている事項　（番号は左ページの表示義務の番号に対応）

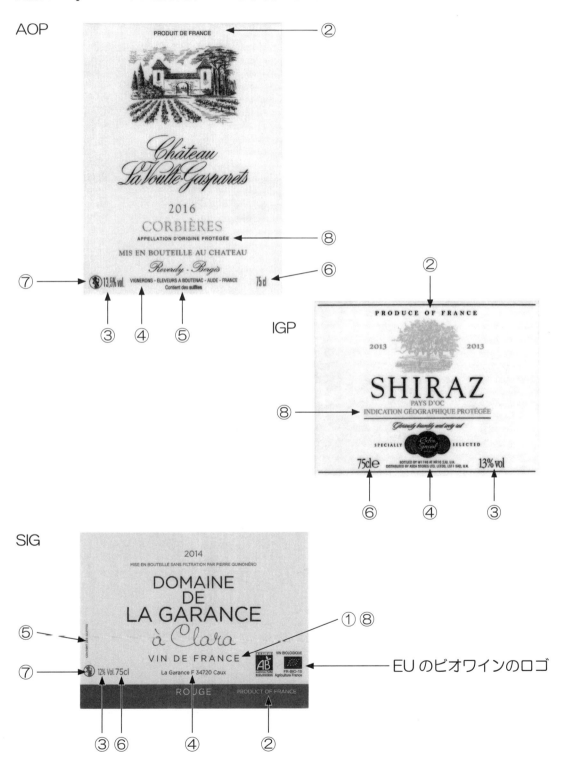

フランスのチーズ（Fromages de France）

フランスのチーズは 400 種類以上もあり、牛乳、羊乳、山羊乳等から作られている。
原料、製造工程により大きく次のように分類される。

⑴ フレッシュチーズ（ fromages frais ）：熟成させないチーズ

petit suisse

⑵ ソフトタイプ（ fromages à pâte molle ）：

熟成タイプのチーズで、外見から 2 つの種類に分けられる。

＊白カビタイプ（ croûte fleurie ）：表面に胞子を植えつけ熟成中に白カビを繁殖
させたもの

brie ················· ①

camembert ················· ②

＊ウォッシュタイプ（ croûte lavée ）：熟成中に外皮を塩水で洗浄したもの

pont-l'évêque ················· ③

livarot ················· ④

munster ················· ⑤

⑶ ハード・セミハードタイプ（ fromages à pâte pressée ）：

熟成期間を長くし密度を高め、硬く長期保存ができるもの

comté ················· ⑥

saint-nectaire ················· ⑦

cantal ················· ⑧

beaufort ················· ⑨

reblochon ················· ⑩

tomme de Savoie ················· ⑪

(4) ブルーチーズ（ bleu ）：

内部に緑色の斑点のあるチーズ、青カビを植え付け増殖させたもの

   bleu d'Auvergne ………………… ⑫
   roquefort ………………… ⑬

(5) シェーブル（ fromages de chèvre ）：山羊乳だけを原料にしたもの

   valençay ………………… ⑭
   crottin （de Chavignol） ……… ⑮

(6) クリームチーズ（ fromages fondus ）：

チーズを溶かし牛乳やクリーム、バター等を加えたもの

主なチーズと産地

調理場での会話 1　　Allez, au travail !　さあ、仕事を始めよう！

調理場は戦場・短い言葉のやりとりを覚えよう・"Non" は禁句です…

C'est prêt ?
準備はいいか？

Oui, c'est prêt.
はい、できました。

Oui, je suis en train de le faire.
はい、今やってます。

Qu'est-ce qu'il y a ?
どうしたんだ？

Rien. Tout va bien !
何でもありません。すべて順調です。

Tu comprends ?　分かるか？

Oui, je comprends.　はい、わかります。

T'as compris ?　分かったか？

Oui, j'ai compris.　はい、わかりました。

Tu m'écoutes ?　聞いてるのか？

Oui, chef.　はい、シェフ。

Oui, mais vous pouvez répéter ?
はい、でも、もう一度言ってください。

Ça marche ?　うまく行ってる？

Oui, ça marche.　はい、うまく行ってます。

Dépêche-toi !　急げ！

Oui, chef, tout de suite. はい、シェフ、すぐに。

Vite, Vite !　早く、早く！

Surveille la cuisson ! 目を離すな！

Oui, chef. D'accord.　はい、シェフ。了解です。

Réchauffe la soupe. スープを温めて。

Oui, c'est déjà fait.　はい、もうやりました。

Vas chercher des œufs. 卵を取ってきて。

Oui, chef.　はい、シェフ。

Donne-moi la sauce. ソースを取って。

Oui, chef.　はい、シェフ。

128

Qui a fait ça ?　これ、誰がしたんだ？

C'est moi.　私です。

Quelqu'un peut faire ça.
　誰かこれをやってくれ。

Oui, je le fais.　私がやります。

Nettoie le plan de travail.
　調理台を掃除して。

Oui, chef, tout de suite.
　はい、シェフ、すぐに。

Fais la plonge.　皿を洗って。

Oui, chef.　はい、シェフ。

Non, ça va pas !　ダメだ!

Pardon, chef.　すみません、シェフ。
Excusez-moi, chef.　すみません、シェフ。

Fais comme ça　こうするんだ。

Ah, oui.　あ、はい。

Attention, il ne faut jamais faire ça !
　気をつけて、絶対そんなことしちゃダメだ！

Oui, chef. Je fais attention.
　はい、シェフ。　気をつけます。

Oui, c'est pas mal.
悪くない。

Ça va comme ça, chef ?
これでいいですか？

c'est bien.　よろしい。
c'est très bien.　非常によろしい。
c'est parfait.　完璧だ。
Non, c'est pas bien.　ダメだ。

Apprenez-moi comment faire.

どうしたらいいのか教えてください。

Réfléchis bien.　よく考えて。
Regarde bien.　よく見て。

Voilà, comme ça.　ほら、このように。

Je peux vous poser une question ?
　質問していいですか？

Comment ?　何だ？

Oui, bien sûr.　もちろんだ。

129

調理場での会話 2

メニューの変更（サービスとシェフの会話）

セルヴール
Serveur ： Bonjour, chef.
（ボンジュール シェフ）

シェフ
Chef ： Bonjour.
（ボンジュール）

セルヴール
Serveur ： Pouvez-vous vérifier les menus?
（プ ヴェ ヴ ヴェリフィエ レ ム ニュ）

シェフ
Chef ： Oui, au fait, il y a une nouvelle entrée aujourd'hui.
（ウイ オ フェトゥ イ リ ヤ ユヌ ヌヴェル アントレ オジュルデュイ）

セルヴール
Serveur ： D'accord, je vais changer le menu.
（ダコール ジュ ヴェ シャンジェ ル ム ニュ）

シェフ
Chef ： Bien, merci.
（ビヤン メルスィ）

訳

サービス	：	こんにちは、シェフ
シェフ	：	こんにちは。
サービス	：	メニューを確認していただけますか？
シェフ	：	うむ、ところで今日は新しい前菜が1つあるよ。
サービス	：	わかりました。メニューを変えておきます。
シェフ	：	よし、ありがとう。

説明

pouvez-vous	あなたは〜できますか？	Vous pouvez の疑問形
au fait	ところで	
il y a 〜	〜がある	
nouvelle	形容詞 nouveau の女性形	この形容詞は名詞の前につくこともある
d'accord	了解、オーケー、わかりました、など同意を表す言葉	

関連用語

セルヴール
serveur　サービス係り（男性）

セルヴーズ
serveuse　サービス係り（女性）

レセプスィヨニストゥ
réceptionniste　受付係、フロント係

ワインと料理 (ソムリエとシェフの会話)

Chef : On va faire une dégustation de vins pour le nouveau plat.

Sommelier : Quel plat, chef ?

Chef : C'est de l'agneau rôti sur une galette de pommes de terre.

Sommelier : Très bien. Je vous prépare quelques bouteilles de vin.
Ce sera un bon accord mets et vins avec le vin rouge de Médoc.

Chef : Merci, à tout à l'heure.

訳

シェフ	:	新しい料理に合うワインを試飲しよう。
ソムリエ	:	どの料理ですか？
シェフ	:	ジャガイモのガレットにのせた仔羊のローストだ。
ソムリエ	:	わかりました。何本かワインを用意します。
		メドックの赤ワインがこの料理によく合うでしょう。
シェフ	:	ありがとう、じゃ、あとで。

説明

faire une dégustation	試飲する、試食する
quel	どんな、どれ
c'est	それは〜です
quelque	いくつかの、いくらかの、少しの
ce sera	それは〜でしょう (c'est の未来形で、ここでは断定をさけた緩和表現)
bon accord mets et vins	料理とワインのよい組み合わせ
à tout à l'heure.	あとで、のちほど

関連用語

goûter　試食 (試飲) する、味わう

mariage　組み合わせ　ワインと料理の組み合わせという場合《 mariage 》が使われることが多い

オーダーを通す

> Serveur ： Chef, ça marche. (Il lui donne un bon de commande.)
>
> Chef ： Ça marche, 4 couverts.
>
> *Une salade de homard, un potage Du Barry,*
>
> *deux terrines de foie gras.*
>
> Pour suivre, *deux soles meunières, deux poulets rôtis.*
>
> Cuisiniers ： Oui, chef.

訳

サービス ：	シェフ、オーダー入ります（シェフに伝票をわたす）。
シェフ ：	オーダー、4名セット入るよ。
	オマール海老のサラダ　1、
	ポタージュ・デュ・バリ　1、
	フォワグラのテリーヌ　2
	それから、舌平目のムニエル　2、若鶏のロースト 2。
調理スタッフ：	はい、シェフ。

説明

ça marche	厨房内では、サービス係がシェフに注文を伝える時、シェフが料理人全員にオーダーを通す時などさまざまな場面の最初の言葉としてよく使われる。 日常会話では、ça va と同じように「物事がうまく行っている、順調に進んでいる」という意味で使われる。
couverts	テーブルウエアー式、一人分のテーブルセット一式 レストランでは「〜名」という意味で使われている。

関連用語

amuse-bouche	アミューズ、おつまみ
apéritif	食前酒、アペリティフ
digestif	食後酒

Mise en place ① 野菜の下ごしらえ

Chef de partie ： Epluche les oignons, Ken.

Ken ： Oui, chef.

Chef de partie ： Emince-les, mets-les dans une casserole

et fais - les suer au beurre.

Ken ： Oui, chef.

訳

部門シェフ ： ケン、玉ネギの皮をむいて。
ケン ： はい、シェフ。
部門シェフ ： 薄切りにして、片手なべに入れ、バターでシュエして。
ケン ： はい、シェフ。

説明

Epluche 動詞éplucherの２人称（tuの場合）命令形の単数形
Emince - les ／ fais - les suer （P.107参照） au beurre バターで

＜話す相手によってその呼び方と動詞が変化する＞

フランス語では、知らない人や目上の人に対しては《 vous 》「あなた」が使われ、親しい人や部下などに対しては《 tu 》「きみ、おまえ」が使われる。そして、相手を《 vous 》で呼ぶか《 tu 》で呼ぶかによって動詞の形が変わってくる。厨房では、シェフがスタッフに命令することが多いので、《 tu 》の方が使われ、さらに、命令形では主語（tu）が省かれ動詞だけになる。

＜例＞	éplucher の場合	mettre の場合
（２人称）	（命令形）	（命令形）
《 vous 》	Epluchez	Mettez
	皮をむいてください	置いてください
《 tu 》	Epluche	Mets
	皮をむきなさい	置きなさい

133

Mise en place ② 野菜の下ごしらえ

Chef de partie : Ken, tourne les carottes et les navets,

et blanchis - les légèrement pour la garniture.

Ken： Oui, chef. Et combien de minutes ?

Chef de partie : Pas trop. 1 minute, ça suffit.

Ken： D'accord.

訳

部門シェフ	：	ケン、付け合せ用の人参とカブを面取りして軽く下茹でして。
ケン	：	はい、シェフ。何分ぐらい茹でたらいいですか？
部門シェフ	：	茹で過ぎないように。1分で十分だ。
ケン	：	わかりました。

説明

pour	～のための、～のために、～用に
combien de ＋ 名詞	どれだけの… 数や量をたずねる表現。
pas trop	～過ぎない… 後に blanchir が省略されている
pas	ない…《 ne 》とともに用いられて否定を表すが、日常語では《 ne 》はしばしば省略される。
trop	あまりに、過度に

関連用語

monder	湯むきする
assaisonner	下味をつける
écumer	あくを取る
hacher	刻む、みじん切りにする
ciseler	細かく切る
couper（ = tailler ）	切る
passer au chinois	シノワ（漉し器）で漉す

Mise en place　③ 魚の下ごしらえ

Ken : Comment faire ce poisson ?

Chef de partie : Tout d'abord vide et lave - le bien et lève les filets.

Ken : Oui, chef. Et après?

Chef de partie : Laisse - le au frigo.
Garde les arêtes pour le fumet.

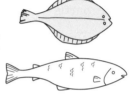

訳

ケン	:	この魚はどうしますか？
部門シェフ	:	まず、内臓を取ってよく洗い、おろして。
ケン	:	はい、シェフ。それから？
部門シェフ	:	冷蔵庫に入れ、骨はフュメ用に取っておきなさい。

説明

comment	どのように
faire	～する　（P.99 参照）
tout d'abord	d'abord の強調形
frigo	冷蔵庫（= réfrigérateur = frigidaire）

関連用語

habiller	下ごしらえをする
écailler	うろこを落とす、（カキなどの）殻をあける
ébarber	切り落とす、取り除く
désosser	（肉の）骨を取る
désarêter	（魚の）骨を抜く

料理を出す

> シェフ
> Chef : Ça marche, deux soles meunières.
>
> キュイズィニエ ウィ シェフ
> Cuisiniers : Oui, chef.
>
> シェフ ア レ ヴィットゥ ヴィットゥ アンヴォワイエ オ パス
> Chef : Allez, vite, vite! Envoyez au passe.
>
> シェフ ドゥ パルティ ウィ シェフ サ ソール トゥ ドゥ シュイットゥ
> Chef de partie : Oui, chef, ça sort tout de suite.
>
> シェフ ドゥ パルティ アタンスイオン ドレス ビヤン
> Chef de partie : Attention! Dresse bien.
>
> ウィ サ バ コム サ
> Ken : Oui. Ça va comme ça?
>
> シェフ ドゥ パルティ ヴォワラ セ ビヤン アンヴォワイエ オ パス
> Chef de partie : Voilà. C'est bien. Envoyez au passe.
>
> シェフ セルヴィス スィル ヴ プレ
> Chef : Service, s'il vous plaît.

訳

シェフ	：	舌平目のムニエル 2 皿出すぞ。
調理スタッフ ：	はい、シェフ。
シェフ	：	さあ、早く！早く！デシャップ台に出して。
部門シェフ ：	はい、すぐに出します。
部門シェフ ：	気をつけて！ちゃんと盛りつけて。
ケン	：	はい。これでいいですか？
部門シェフ ：	そう、よろしい。デシャップ台へ。
シェフ	：	サービス、お願いします。

説明

allez	さあ、じゃ、まあ、さあさあ…つなぎの言葉
passe	デシャップ台 （P.163 参照）
vite	早く…もっと急ぐ場合は "en urgence"（アン ユルジャンス）
comme ça	このように、こんな風に
voilà	はい、そうだ、そのとおり、以上 … つなぎの言葉としていろいろな場面に使える。
s'il vous plaît	お願いします、〜ください

関連用語

ショ デリエール
chaud derrière　うしろ（熱いから）気をつけて

ショ ドゥヴァン
chaud devant　前、（熱いから）気をつけて
物（冷たい物でも）を持って人の前や後を通る時に使われる注意を促す言葉。

あと片付け

Chef ： On va commencer à ranger.

Cuisiniers ： Oui, chef.

Chef ： Débarrassez - moi le reste et filme - le bien.

Cuisiniers ： Oui, chef.

Chef ： Ken, sorts la poubelle.

Ken ： Oui, chef.

訳

シェフ： さあ、片付けよう。
料理人： はい。
シェフ： 残りを片付けて、ラップをきちんとかけなさい。
料理人： はい、シェフ。
シェフ： ケン、ゴミ箱を外に出して。
ケン ： はい、シェフ。

説明

on　　主語を表す。不特定の人を指し「人は、人々は」、日常語では「私たちは、私は、
　　　君は、彼らは」という意味で使われる。３人称単数として扱う。

va commencer　　aller + 動詞の不定形。近い未来を表し「～しようとしている、～す
　　　るところだ」という意味で会話ではよく使われる。

moi　　Débarrasser le reste の強調形。話し言葉では「私」という意味の moi が相手
　　　の関心を引くためこのように挿入されることがよくある。
　　　débarrasser の目的語ではなく、訳さなくてよい。

関連用語

papier film / film plastique 　　ラップフィルム
papier（ または feuille ）d'aluminium 　　アルミホイル
dater 　　日付けをつける
étiquetter 　　日付け、内容などを書いたラベルをはる

137

掃除

Chef : On va nettoyer. Mettez de l'eau et du produit.

Frottez bien, puis passez la raclette.

Cuisiniers : Oui, chef.

Chef : Verifiez encore une fois si le gaz est coupé et la lumière

est éteinte. Tout est bien fait?

Cuisiniers : Oui, chef.

Chef : Bien, on s'en va. Bon soir, à demain.

Cuisiniers : Bon soir, chef, à demain.

seau

raclette　　brosse

訳

シェフ　　　：掃除始めよう。水と洗剤をまいて、
　　　　　　　よく磨いてからラクレットをかけて。
調理スタッフ：はい、シェフ。
シェフ　　　：もう一度確認、ガスと電気は切ったか？全部済んだか？
調理スタッフ：はい、シェフ。
シェフ　　　：よし、じゃ帰ろう。さようなら、また、明日。
調理スタッフ：さようなら、シェフ、また、明日。

説明

de l'eau, du produit　《 de l', du 》は液体など数えられないものにつく冠詞（部分冠詞）
　　　　　　　　　　　で「若干量の、適量の」という意味だが訳さなくてよい（P.113 参照）
　　　　　　　　　　　produit は製品という意味だが、ここでは produit pour le sol
　　　　　　　　　　　の略

si　　　　　　　　～かどうか

関連用語

lavette	スポンジクロス	brosse	ブラシ
plonge	流し	seau	バケツ
éponge	スポンジ	balai	ほうき
eau de javel	ジャヴェル水（漂白剤）	balayer	ほうきで掃く

138

実用会話編

市場での会話

レストランでの会話

調理場での会話　3

Au marché　　市場で

Le marchand de primeurs　八百屋

Vendeur ：　Bonjour, vous désirez?
Ken ：　Des épinards, s'il vous plaît.
Vendeur ：　Combien?
Ken ：　500 g, s'il vous plaît.
Vendeur ：　Et, avec ça?
Ken ：　C'est tout.

訳

売り子 ：　こんにちは。何を差し上げましょう。
ケン ：　ほうれん草を下さい。
売り子 ：　どれくらいですか。
ケン ：　500g お願いします。
売り子 ：　他に何かいりますか。
ケン ：　これで全部です。

重要な表現

s'il vous plaît.　　「お願いします」「～をください」

お願いしたりものを頼むときに使う。ほしい物の後に付け加えるだけでも良い。

　　＜例＞Deux brioches, s'il vous plaît.　　ブリオッシュを2個ください。

その他の役に立つ表現

Avez-vous des asperges vertes?　　グリーンアスパラガスはありますか。
Je peux toucher?　　触っても良いですか。
Je regarde seulement. Merci.　　ちょっと見ているだけです。ありがとう。
　　　　　　　　　　　　　　　　（声を掛けられたときに）
Une livre de pommes de terre, s'il vous plaît.　　ジャガイモを500gください。
　　＊500g は une livre とも言う。

Au marché　　市場で

La poissonnerie　魚屋
（ラ　ポワソヌリ）

Poissonier：　Bonjour, vous désirez?
（ボンジュール　ヴ　デジレ）

Ken：　Qu'est-ce que c'est?
（ケ　ス　ク　セ）

Poissonier：　C'est une lotte de la Méditerranée.
（セ　チュヌ　ロットゥ　ドゥラ　メディテラネ）
C'est très bien pour la bouillabaisse.
（セ　トレ　ビヤン　プール　ラ　ブイヤベース）

Ken：　Alors, une lotte, s'il vous plaît.
（アロール　ユヌ　ロットゥ　スィル　ヴ　プレ）

Poissonier：　Et avec ça?
（エ　アヴェック　サ）

Ken：　Qu'est ce que vous me conseillez d'autre comme poisson
（ケ　ス　ク　ヴ　ム　コンセイエ　ドートル　コム　ポワソン）
pour la bouillabaisse ?
（プール　ラ　ブイヤベース）

訳
魚屋：　　こんにちは。何を差し上げましょう。
ケン：　　これは何ですか？
魚屋：　　地中海産のアンコウです。　ブイヤベースに良いですよ。
ケン：　　それでは、１匹下さい。
魚屋：　　他に何かいりますか。
ケン：　　ブイヤベース用の魚では他に何がおすすめですか？

重要な表現　　Qu'est-ce que c'est ?　　「これは何ですか」

その他の役に立つ表現

D'où vient, ce poisson ?　　　　　この魚の産地はどこですか
（ドゥ　ヴィヤン　ス　ポワソン）

＊　de ＋ 地名　　産地を表す
＜例＞　de Bretagne　　ブルターニュ産
（ブルターニュ）

関連用語

daurade sauvage　　天然の
（ドラードゥ　ソヴァージュ）

d'élevage　　養殖の
（デルヴァージュ）

de ligne　　（一本）釣りの
（ドゥ　リーニュ）

141

Au marché　市場で

La boucherie　肉屋

Boucher： Monsieur?

Ken： Je voudrais un morceau de gigot d'agneau, s'il vous plaît.

Boucher： Pour combien de personnes?

Ken： Pour 6 personnes.

Boucher： Ça va, celui-là?

Ken： Pouvez-vous me montrer le morceau à côté.

Boucher： Oui, bien sûr. Le voilà.

Ken： Merci, c'est bon. **Je prends celui-là.**

訳

肉屋： 何を差し上げましょう。

ケン： 仔羊のもも肉を下さい。

肉屋： 何人分ですか。

ケン： 6人分です。

肉屋： これで良いですか。

ケン： その横の肉を見せて下さい。

肉屋： はい、これです。

ケン： ありがとう。それで良いです。それを下さい。

重要な表現　**Je prends celui-là (celui-ci).**　「それ（これ）をください」

＊くだけた言い方で　Je prends ça. も使われる。

その他の役に立つ表現

Pouvez-vous couper le gigot en quatre tranches? 仔羊のもも肉を4枚に切って下さい。

Merci.　　　　　　　　　ありがとうございます。（一般的なお礼）

Merci beaucoup.　　　　どうもありがとうございます。（Merci よりも丁寧な言い方）

Merci, c'est gentil.　　どうもご親切に、ありがとうございます。

　　　　　　　　　　　（相手が何かをしてくれたり、提案してくれたとき）

142

A la fromagerie　チーズ屋で
（ア ラ フロマジュリ）

Vendeur： Bonjour, vous désirez?
（ヴァンドゥール）（ボンジュール ヴ デズィレ）

Ken： Je voudrais un morceau de brie.
（ジュ ヴ ド レ アン モル ソ ドゥ ブリ）

Vendeur： Un morceau comme ça?
（アン モル ソ コ ム サ）

Ken： Un peu plus grand, s'il vous plaît.
（アン プ プリュ グラン スィル ヴ プレ）

Vendeur： Comme ça?
（コ ム サ）

Ken： Oui, c'est bon.
（ウイ セ ボン）

C'est combien?
（セ コンビャン）

訳

店員： こんにちは。何を差し上げましょう。
ケン： ブリチーズを１切れ下さい。
店員： これくらいの大きさですか。
ケン： もう少し大きく切って下さい。
店員： これくらいですか。
ケン： はい丁度良いです。
　　　 おいくらですか。

重要な表現　**C'est combien?**　　　「おいくらですか」
　　　　*Ça fait combien? とも言う。
　　　　（サ フェ）

その他の役に立つ表現

Ça fait combien en tout?　　　　　全部でいくらになりますか。
（アン トゥ）

Je cherche un bleu moins fort en bouche.　　刺激の少ないブルーチーズを探しています。
（ジュ シェルシュ アン ブル モワン フォール アン ブーシュ）

Je cherche un chèvre bio※　　　　有機製法のシェーブルチーズを探しています。
（ジュ シェルシュ アン シェーヴル ビオ）

※ P.59 ビオ（BIO）食品参照

関連用語

大きさを言う

Un peu plus grand(e), s'il vous plaît.　　もう少し大きくお願いします。
（グラン ドゥ）

Un peu plus petit(e), s'il vous plaît.　　もう少し小さくお願いします。
（プティ トゥ）

C'est bon.　　　　　　　　丁度良いです。
（セ ボン）

143

Dans un café　カフェで

Ken：　Monsieur, s'il vous plaît!

Garçon：　Bonjour, vous désirez?

Ken：　Un cappuccino, s'il vous plaît.

Garçon：　Très bien.

訳

ケン：　　　　　　お願いします。
ウエイター：　　いらっしゃいませ、何になさいますか。
ケン：　　　　　　カプチーノを１つお願いします。
ウエイター：　　かしこまりました。

その他の役に立つ表現

Je peux m'asseoir ici?　　　　　　　　　　ここに座ってもいいですか。

Où sont les toilettes, s'il vous plaît?　　　トイレはどこですか。

関連用語

un expresso　　エスプレッソ　　　　　　un café crème　（ホイップミルク入り）コーヒー

un chocolat chaud　ココア　　　　　　une menthe à l'eau　　ミント水

une tartine　　オープンサンドイッチ　　un croque-monsieur　　クロックムッシュ

un sandwich au fromage (au jambon)　チーズ（ハム）サンドイッチ

salon de thé　ティーサロン　　　　　　brasserie　（庶民的な）レストラン

bistro　　居酒屋、パブ、バー

| コラム 10 | 映画の中のフランス料理　1

① 『大統領の料理人』
フランス大統領官邸（エリゼ宮）初の女性料理人としてミッテラン大統領に仕えた実在の女性をモデルとした物語。田舎町でレストランを営むオルタンスはエリゼ宮からの依頼で、大統領専属の料理人として働くことになります。星付きの有名レストランとは無縁だった彼女が、大統領の好みさえ知らされずに作った料理は、「キャベツと鮭のファルシ」「セップ茸のスクランブルエッグ」デザートには「サントノレ」といった昔ながらの素朴な料理でした。洗練されすぎた味にへきえきしていた大統領は、「素材の味を感じる、シンプルで本物の味。祖母の作ってくれたような料理。」と、彼女の料理に舌鼓を打ちます。オルタンスは大統領のために、地方の最高の食材を調達し、昔の料理を研究し、美味しい料理を追求していきますが、それが古い体質、特に男尊女卑の色濃く残る厨房の他のシェフとの軋轢を増幅させ、次第に孤立していきます。料理を通じてオルタンスと心を通わせた大統領はそんな彼女を優しく見守り励ましますが、オルタンスは2年でエリゼ宮を去り、今度は南極の基地で料理人として腕を振るいます。
物語は任期満了となる南極最後の1日とエリゼ宮の日々が交互に描かれて進んでいきますが、どこに居ても自分の料理で食べる人に喜んでもらいたいというプロ意識に脱帽です。地方の採れたての食材、登場する数々の料理とそれを作っている姿、実際に撮影を許されたエリゼ宮の内部など、見どころがぎっしり詰まっています。

|作品データ|
「大統領の料理人」　原題：Les Saveurs du Palais　2012年　フランス
監督：クリスチャン・ヴァンサン　　出演：カトリーヌ・フロ、ジャン・ドルメッソン、他

② 『バベットの晩餐会』
19世紀のデンマーク、田舎村ユトランドに住む牧師の美人姉妹マーチーネとフィリパは父の死後、年老いた二人きりで質素に暮らしていました。そこへ、フランスから来たバベットという謎めいた女性が家政婦として働くようになります。
時が経ち、信者の村人達も年老いて喧嘩が絶えません。姉妹は父の生誕100年を記念した晩餐会を催し、かつての信心を思い出して貰おうと考えていると、バベットが「本物のフランス料理」を作りたいと晩餐の準備を申し出ます。
晩餐会当日、鬼気迫る表情でバベットが作り出す「ウミガメのスープ」「キャビアのドミドフ風」「フォアグラとトリュフのソースがかかったウズラのパイ」etc。さらに料理にあわせた「アモンティリヤード」「ヴーヴ・クリコ」「クロ・ヴージョ」「フィーヌ・シャンパーニュ」など有名なお酒。彼女は今まで質素な料理しか食べたことのない村人たちに最高のフランス料理を披露します。そして彼女の料理は村人達の心をほぐし、彼らを笑顔にしていきます。
料理がいかに人を幸せにするのか、とにかく見てください。

|作品データ|
「バベットの晩餐会」原題：Babettes gæstebud　1987年　デンマーク
監督：ガブリエル・アクセル　　出演：ステファーヌ・オードラン、ジャン・フィリップ・ラフォン、他

A la boulangerie   パン屋で

Ken： Bonjour, madame.

Vendeuse： Bonjour monsieur, vous désirez?

Ken： 3 croissants et une demi-baguette, s'il vous plaît.

Vendeuse： Et avec ça?

Ken： **C'est tout.** C'est combien?

Vendeuse： 4 euros 50, monsieur.

Ken： Voilà, madame.

Vendeuse： Merci, monsieur. Au revoir et bonne journée !

Ken： Merci, vous aussi. Au revoir.

訳

ケン： こんにちは。

店員： いらっしゃいませ。何にいたしましょう。

ケン： クロワッサン3個と、バゲットを半分下さい。

店員： 他に何かいりますか。

ケン： それだけです。おいくらですか。

店員： 4ユーロ50です。

ケン： はい、どうぞ。

店員： ありがとうございます。さようなら、どうぞ良い一日を！

ケン： ありがとう、あなたも。さようなら。

重要な表現　　**C'est tout.** 　「それで全部です」

*Ce sera tout. とも言う。このほうが丁寧な言い方。

関連用語

別れるとき《Au revoir.》につけ足す言葉

Bonne journée !　　　　よい一日を！

Bon après-midi !　　　　よい午後を！

Bonne soirée !　　　　　よい夕べを！

これに答える決まり文句

Merci, vous aussi !　　ありがとうございます、あなたも！

A la pâtisserie　　お菓子屋で

（アラ パティスリ）

Vendeuse（ヴァンドゥーズ）： Monsieur?（ムスィウ）

Ken： **Je voudrais 6 gâteaux.**（ジュ ヴドレ スィ ガト）

Qu'est-ce que vous me conseillez?（ケ ス ク ヴ ム コンセイエ）

Vendeuse： Les tartelettes au citron, les millefeuilles et les éclairs au café（レ タルトレットゥ オ スィトロン レ ミルフイユ エ レ ゼクレール オ カフェ）

sont très bons.（ソン トレ ボン）

Ken： Bon, je vais prendre 2 de chaque.（ボン ジュ ヴェ プランドル ドゥ ドゥ シャック）

Vendeuse： Ce sera tout?（ス スラ トゥ）

Ken： Oui, madame.（ウイ マダム）

訳

店員： いらっしゃいませ。何にいたしましょう。

ケン： ケーキを6個下さい。

何がお勧めですか。

店員： レモンのタルトレット、ミルフィーユ、コーヒーのエクレアがとても美味しいですよ。

ケン： では、それぞれ2個ずつ下さい。

店員： ご注文は以上ですか。

ケン： はい、そうです。

重要な表現

Je voudrais 6 gâteaux.　　　「ケーキを6個下さい」

＊Je voudrais ＋数+名詞　　　～がいくつほしい

その他の役に立つ表現

Ça se conserve combien de jours?（サ ス コンセルヴ コンビャン ドゥ ジュール）　　　これはどのくらい日持ちしますか。

C'est pour offrir.（セ プール オフリール）　　　プレゼント用にして下さい。

Pouvez-vous faire un paquet cadeau?（プヴェ ヴ フェール アン パケ カド）　　　プレゼント用に包んで下さい。

147

Dans un restaurant　　レストランで　（席に着く）

Serveur： Bonsoir, une table pour 4 personnes?

Ken： **Oui, nous sommes 4 .**

Serveur： Vous avez réservé?

Ken： Non.

Serveur： Vous préférez cette table, ou celle-ci, près de la fenêtre?

Ken： Celle-ci.

Serveur： Installez-vous, je vous en prie.

訳

サービス係：　　こんばんは。4人のお席ですね。

ケン：　　　　　はい、4人です。

サービス係：　　ご予約なさっていますか。

ケン：　　　　　いいえ。

サービス係：　　このお席が良いですか、それともこちらの窓側が良いですか。

ケン：　　　　　こちらが良いです。

サービス係：　　どうぞお座り下さい。

重要な表現　　**Nous sommes 4.**　　「（私たちは）4人です」

その他の役に立つ表現

Je voudrais réserver une table pour ce soir à 19 heures.

　　　　今晩、7時に席を予約したいのですが。

Bonsoir. J'ai réservé une table pour 2 personnes au nom de Tanaka.

　　　　こんばんは。2名予約した田中です。

Bonsoir. Avez-vous de la place pour 4 personnes?

　　　　こんばんは。4名の席はありますか。

Dans un restaurant　　レストランで　（料理の注文）

Ken：	**La carte, s'il vous plaît.**
	....
Serveur：	Vous avez choisi?
Ken：	Un moment, s'il vous plaît.
	Je vais prendre le plat du jour.
Serveur：	Votre entrecôte, quelle cuisson?
Ken：	A point, s'il vous plaît.

訳

ケン：	メニューお願いします。
サービス係：	お決まりですか。
ケン：	ちょっと待って下さい。
	本日の日替わりをお願いします。
サービス係：	リブロースの焼き加減はどうなさいますか。
ケン：	ミディアムにして下さい。

重要な表現　　**La carte, s'il vous plaît.** 「メニューをお願いします」

その他の役に立つ表現

Je vais prendre ceci.　　　　（メニューを指さして）これにします。

Qu'est-ce que c'est?　　　　（メニューを指さして）これは何ですか。

Bon appétit!　　　　　　たくさんお召し上がり下さい。
　　　　　　　　　　　＊食べはじめる相手にかける言葉。

関連用語

肉の焼き加減

bleu	超レア	saignant	レア
à point	ミディアム	bien cuit	ウェルダン

Dans un restaurant　　レストランで　（ワインの注文）

Serveur:　　(Qu'est-ce que vous voulez) comme boisson?
Ken:　　Un verre de vin rouge et une bouteille d'eau minérale,
　　　　s'il vous plaît.
Serveur:　　Gazeuse ou non gazeuse?
Ken:　　Gazeuse, s'il vous plaît.

訳

サービス係：　　お飲み物は何になさいますか。
ケン：　　赤ワインをグラス1杯とミネラルウォーターを1本お願いします。
サービス係：　　ガス入りですか、ガスなしですか。
ケン：　　ガス入りをお願いします。

その他の役に立つ表現

(Montrez-moi) la carte des vins, s'il vous plaît.	ワインリストを見せて下さい。
Une bouteille de vin blanc, s'il vous plaît.	白ワインを1ボトルお願いします。
Une carafe de vin rouge, s'il vous plaît.	赤ワインを水差し1杯お願いします。
Gazeuse ou plate?	ガス入りですか、ガスなしですか。

関連用語

une bouteille	1瓶（ボトル）	une demi-bouteille	ハーフボトル
une carafe	水差し（カラフ）1杯	un verre	グラス1杯
la carte des vins	ワインリスト		

| コラム 11 | 映画の中のフランス料理　2

① 『シェフ！　～三ツ星レストランの舞台裏へようこそ～』

三ツ星レストランの有名シェフ、アレクサンドルは、最近スランプに陥っています。新メニューのアイデアが浮かばず、15年間守り続けてきた三ツ星を失うかもしれないという不安にもさいなまれています。その上、営業成績しか考えないオーナーは、レストランのすべてを現代風に変えようとし、フランス料理の伝統を重んじるアレクサンドルが邪魔になり、次の新作メニューで星一つでも失えば彼をクビにすると宣告していました。

一方、天才的な舌と腕を持つ下町の料理人ジャッキーは、料理へのこだわりのあまりどこに行ってもすぐに周りと衝突し、レストランを次々と辞めさせられていました。ひょんなことからこの2人が出会い、寄せ集めの料理人と共に三ツ星を守ろうと奮闘する物語です。アレクサンドルの料理のレシピをすべて暗記しているほど尊敬しながらも味に関しては一歩も譲らないジャッキー、彼の才能をいち早く認めながら、ジャッキーの態度に時折怒りを爆発させるアレクサンドル。二人の家族の問題も絡ませながら、軽快なテンポで物語は進んでいきます。昨今はやりの「分子料理」一辺倒のレストランへの皮肉や、我々日本人がびっくりする時代錯誤的な日本認識も垣間見られます。

| 作品データ |

「シェフ！～三ツ星レストランの舞台裏へようこそ～」　原題：Comme un chef　2012年　フランス
監督：ダニエル・コーエン　　　出演：ミカエル・ユーン、ジャン・レノ、他

② 『幸せのレシピ』

高級レストランで料理長を勤める主人公、ケイト。仕事は出来るが、自分の料理に誇りを持つあまりオーナーや客たちとの関係がギクシャク。客と喧嘩してはオーナーを困らせ、心理セラピーに通わされるが、そこでも料理について長々と話し、あげくはドクターに自分の料理を試食させる始末で、さっぱり効果はありません。

そんなケイトの姉が突然なくなり、幼い姪のゾーイを引き取ることに…ゾーイの晩ご飯に魚料理を作るが当然食べてもらえない、その上通学拒否までされてお手上げのケイトに新たな難問が…。スー・シェフに陽気なイタリア人を入れられて彼女の職場は雰囲気が変わってしまいます。簡単なスパゲッティでゾーイをファンにしてしまうスー・シェフ、ニックにさんざん混乱させられてしまったケイトですが、ゾーイを囲んだ3人のシンプルなパーティで心がなごんでいきます。クライマックスは、ニックがケイトに目隠しをしてソースの材料当てをさせる場面・・・セクシーなテイスティングシーン。

料理は理屈ではない、美味しいだけでも充分ではない。食べる人と作る人の心が通うことが大切だということをこの映画は教えてくれます。

| 作品データ |

「幸せのレシピ」原題：NO RESERVATIONS　2007年　アメリカ　（ドイツ作品のリメイク）
監督：スコット・ヒックス　　出演：キャサリン・ゼタ・ジョーンズ、アーロン・エッカート、他
「マーサの幸せレシピ」原題：Bella Martha　2001年　ドイツ
監督：サンドラ・ルットルベック　　出演：マルティナ・ゲデック、セルジオ・カステリット、他

Dans un restaurant レストランで （デザートの注文）

ダン ザン レストラン

Serveur：　Vous prendrez un dessert?
セルヴール　　ヴ ブランドレ アン デセール

Ken：　**Oui, avec plaisir.**
　　　　ウイ アヴェック プレズィール

Serveur：　Voici, la carte des desserts.
　　　　　　ヴォワスィ ラ カルトゥ デ デセール

Ken：　Une crème brûlée, s'il vous plaît.
　　　ユ ヌ クレーム ブリュレ スィル ヴ プレ

Serveur：　Très bien.
　　　　　　トレ ビヤン

訳

サービス係：　　デザートは如何ですか。
ケン：　　　　　はい、喜んで。
サービス係：　　デザートメニューです。
ケン：　　　　　クレーム・ブリュレを1つお願いします。
サービス係：　　かしこまりました。

重要な表現　　**Oui, avec plaisir.**　　「はい、喜んで」

その他の役に立つ表現

Qu'est-ce que vous avez comme dessert?　　　デザートは何がありますか。
ケ ス ク ヴ ザヴェ コ ム デセール

Pardon? (Comment?)　　　　　え、何ですか。（相手の言っていることがわからないとき）
パルドン コ マン

Pouvez-vous répéter?　　　　　もう一度言って下さい。（相手の言っていることがわからないとき）
プ ヴェ ヴ レ ペテ

Très bien!　　　　　　　　　すばらしい！（わかりました）
トレ ビヤン

＊「わかりました」と「すばらしい」という2つの異なる意味があり、どちらもよく使われる。

関連用語

un thé　　　　　　　　　　　紅茶1杯
アン テ

une tisane　　　　　　　　　ハーブティ1杯
ユ ヌ ティザヌ

Dans un restaurant　　レストランで　（支払い）

Serveur：　　Vous avez terminé?
　　　　　　　Ça a été?
Ken：　　　　C'était très bon.
Serveur：　　Vous désirez un café?
Ken：　　　　Non, merci. L'addition, s'il vous plaît.

訳

サービス係：　　お食事は終わりましたか。
　　　　　　　　お気に召したでしょうか。
ケン：　　　　　はい、とても美味しかったです。
サービス係：　　コーヒーはいかがですか。
ケン：　　　　　いいえ、結構です。お勘定をお願いします。

重要な表現　　　**L'addition, s'il vous plaît.**　　　「お勘定をお願いします」

その他の役に立つ表現

C'était délicieux.　　　　　　　　　　すごく美味しかったです。

C'était excellent.　　　　　　　　　　すばらしかったです。

J'ai bien mangé.　　　　　　　　　　お腹一杯です。

Pouvez-vous m'appeler un taxi?　　　タクシーを呼んで頂けますか。

Je peux payer par carte de crédit?　クレジットカードでの支払いはできますか。

調理場での会話 3　　その他の役に立つ表現

Allez, on y va.　じゃ、始めよう。

Un instant, s'il vous plaît.　ちょっと待ってください。

Pas encore, monsieur.　まだです。

Aidez-moi, s'il vous plaît.　助けてください。

Tu comprends ?　わかるか？　　**Non, je ne comprends pas.**　いいえ、わかりません。

T'as compris ?　わかったか？　　**Non, je n'ai pas compris.**　いいえ、わかりませんでした。

Mais, pourquoi ?　でも、なぜですか？

Je ne peux pas.　できません。

C'est impossible.　無理です。

Zut !　しまった！　　**J'ai fait une gaffe !**　失敗した！

Pas de chance !　ついてない！

J'ai de la chance !　助かった！　ついてる！　やった！

C'est fini pour aujourd'hui.　今日はこれで終わり。

Oui, chef.　はい、シェフ

On a bien travaillé.　おつかれさま。

Merci, chef. Bonne soirée.　ありがとうございました。失礼します。

調理場の人員構成

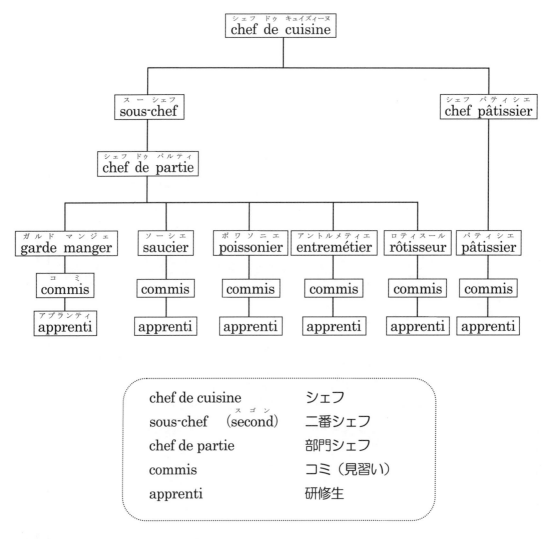

garde manger ：アントレ（前菜）やアミューズ担当。
saucier ：フォン、ソース、肉類全般のソースでの調理、ポワレ、ソテーを担当。
現在は rôtisseur の仕事も行い、肉とソース全体の担当をすることが多い。
poissonier ：魚、甲殻類の料理、またそのためのソース担当。
entremétier ：肉や魚のつけ合せ担当。
rôtisseur ：グリル、ロースト、揚げ物等の調理担当。現在は、この部門はなくなり、
saucier が担当することが多い。
pâtissier ：デザート全般、料理用パイ担当。

＊それぞれの部門に《 chef de partie 》がいることがある。

サービス係り（ serveur ）の人員構成

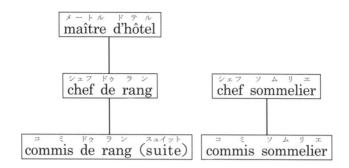

maître d'hôtel：給仕長。サービス（フロア）マネージャー。全体の責任者。客の案内からオーダーテイク、勘定まで行う。客の前での肉類の切り分け、デザートの仕上げも行う。

chef de rang：ヘッドウエイター。料理を客にサービスする。

commis de rang（suite）：ウエイター。

sommelier：客の飲み物全般の担当。特に料理とワインの組み合わせをアドバイスする。

調理人（ cuisinier ）の服装

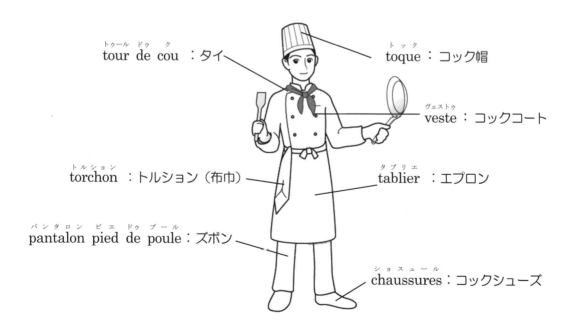

数字

1〜20 の数字

1	un （une）	2	deux
3	trois	4	quatre
5	cinq	6	six
7	sept	8	huit
9	neuf	10	dix
11	onze	12	douze
13	treize	14	quatorze
15	quinze	16	seize
17	dix-sept	18	dix-huit
19	dix-neuf	20	vingt

《1》 男性名詞の前では un、女性名詞の前では une

＜例＞　　un concombre

une pomme

《0》　zéro

21〜70 未満の主な数字

		21	vingt et un （une）	22	vingt-deux
30	trente	31	trente et un （une）	32	trente-deux
40	quarante	41	quarante et un （une）	42	quarante-deux
50	cinquante	51	cinquante et un （une）	52	cinquante-deux
60	soixante	61	soixante et un （une）	62	soixante-deux

70 以上の主な数字

70　soixante-dix　　　71　soixante et onze　　　72　soixante-douze

＊70＝60＋10、71＝60＋11、72＝60＋12 と組み立てる

80　quatre-vingts　　　　　　　81　quatre-vingt-un　（une）

＊80＝4×20、81＝4×20＋1 と組み立てる

90　quatre-vingt-dix　　　　　　91　quatre-vingt-onze

＊90＝4×20＋10、91＝4×20＋11 と組み立てる

100　cent

1000　mille　　2010　deux mille dix

曜日・月・季節

1月	janvier		月曜日	lundi
2月	février		火曜日	mardi
3月	mars		水曜日	mercredi
4月	avril		木曜日	jeudi
5月	mai		金曜日	vendredi
6月	juin		土曜日	samedi
7月	juillet		日曜日	dimanche
8月	août			
9月	septembre		**季節** saison	
10月	octobre		春	printemps
11月	novembre		夏	été
12月	décembre		秋	automne
			冬	hiver

時刻・時間の表し方

時刻の表し方

> Quelle heure est-il ?　　何時ですか？
> ケ　ルール　エティル
>
> Il est une heure.　　1時です。
> イ　レ　ユヌ　ール

(1)「～時です」

Il est ＋ 数字 ＋ heure (s).

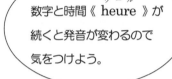

数字と時間《 heure 》が続くと発音が変わるので気をつけよう。

<例>　Il est deux heures.
　　　　　　ドゥ　ズール
　　　2時です。

特殊な表現

Il est midi.　　　正午です。
　　　ミディ
Il est minuit.　　真夜中です。
　　　ミニュイ

(2)「‥分すぎ」

Il est ＋ 数字 ＋ heure (s) ＋ (分を表す)数字

<例>　Il est trois heures 10.　　3時10分です。
　　　　　　トロワ　ズール

特殊な表現

＊「15分過ぎ」　　・・・et quart
　　　　　　　　　　　　エ カール

<例>　Il est neuf heures et quart.　　9時15分です。
　　　　　　ヌ　ヴール

＊「半」　　・・・et demie
　　　　　　　　　エ ドゥミ

<例>　Il est quatre heures et demie.　　4時半です。
　　　　　　キャトル　ール

⑶ 「‥分前」

$$\text{Il est} + 数字 + \text{heure（s）} + \text{moins} + （分を表す）数字$$

<例>　　Il est six heures moins 10.
　　　　シ　ズール　モワン
　　　　6時10分前です。

特殊な表現

＊「15分前」　　・・・moins le quart
　　　　　　　　　　　　　モワン ル カール
<例>　　Il est cinq heures moins le quart.
　　　　　　サン　クール
　　　　5時15分前です。

時間の表し方

Faites mijoter pendant 40 minutes.　　　40分間煮込みなさい。
フェットゥ ミジョテ　パンダン
　　（〜の間：省略してもよい）

On sert le dessert dans 20 minutes.　　　デザートは20分後です。
オン セール　　　　　 ダン　 ミニュットゥ
　　　　　　　　　（〜後）

Enlevez le couvercle 10 minutes après.　　10分後に蓋を取りなさい。
アンルヴェ ル クヴェルクル　　　　　　アプレ
　　　　　　　　　　　　　　　　（〜後に）

よく使われる表現

Réchauffez le plat au micro-ondes （ pendant ） 30 secondes.
レショフェ ル プラ オ ミクロ オンドゥ　　パンダン　　　スゴンドゥ
　　　　　　　　　　　　　　　料理を電子レンジで30秒（間）温めなさい。

On se repose jusqu'à 4 heures et demie.　　4時半まで休憩。
オン ス ルポーズ ジュスカ

Une réservation pour 5 couverts à 6 heures.　　6時に5人分の予約あり。
ユヌ レゼルヴァスィヨン プール　 クヴェール

161

イラスト 4

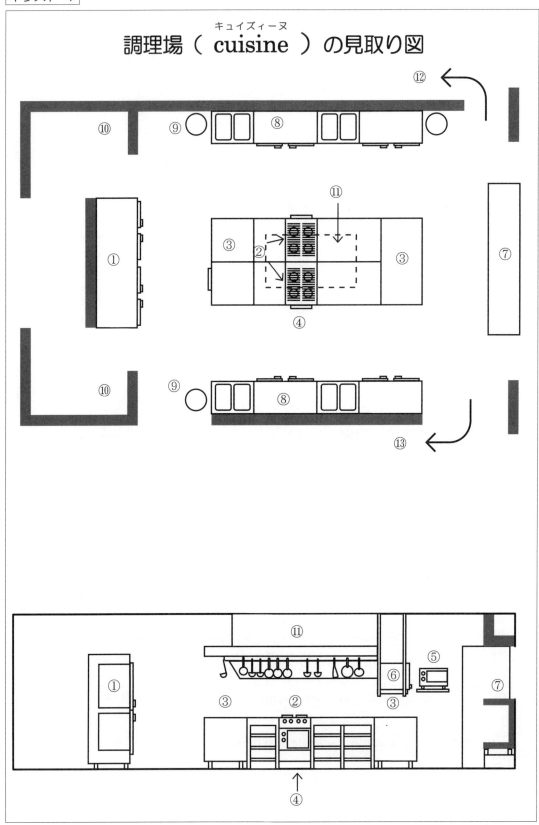

調理場（cuisine キュイズィーヌ）の見取り図

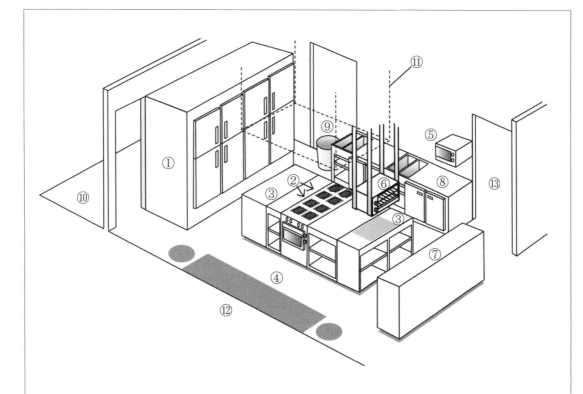

① 冷蔵庫 (frigo = frigidaire, réfrigérateur)
② レンジ (fourneau = piano)
③ 仕事台 (plan de travail)
④ オーブン (four)
⑤ 電子レンジ (four à micro-ondes)
⑥ サラマンダー (salamandre)
⑦ デシャップ台 (passe)
⑧ シンク〔流し〕付仕事台 (plan de travail avec bac de lavage)
⑨ ごみ入れ (poubelle)
⑩ 食品貯蔵庫 (économat)
⑪ 換気用フード (hotte)
⑫ 洗い場 (plonge)
⑬ デザート部門 (pâtisserie)

主要参考文献

安部薫著『メニューの読み方書き方』、白水社、2004 年

見田盛夫著『メニューの読み方』、駸々堂、1986 年

カゴメ株式会社製作、『美しくにフランス』、柴田書店、1993 年

大森由紀子著『フランス地方のおそうざい』、柴田書店、2001 年

専門料理全書　フランス料理、ジャパンクッキングセンター、1998 年

フランス食品振興会編『葡萄は語る』、SOPEXA

宇田川悟著『食の大地フランス』、柴田書店、1990 年

宇田川悟著『食はフランスに在り』、小学館ライブラリー、1994 年

宇田川悟著『フランス料理は進化する』、文春新書、2003 年

相原由美子著『おいしいフランス極上の素材を訪ねる』、岩波アクティブ新書、2003 年

山本紀久著『フランスを救った日本の牡蠣』、小学館スクウェア、2003 年

浅岡敬史・上田淳子著『ヨーロッパ「食」の職人たち』、日本交通公社出版事業局、1996 年

文芸春秋編『チーズ図鑑』、1993 年

Philippe Noël édition, *Géographie Gastronomique*, édition Jaques Lanore

Paul BRUNET, *LE VIN ET LES VINS AU RESTAURANT,* édition BPI, 1996

Alain REIX, *POISSONS Techniques et Saveurs,* Dormonval, 1991

L'ENCYCLOPÉDIE DES ALIMENTS　　　　EDITION FONTAINE, 1996

LAROUSSE gastronomique, LAROUSSE, 1996

F. Christian, *Savoirs et techniques de Restaurant*, TOME 1, 2, édition BPI, 1996/ 1998

M. Faraguna, M. Muschert, *Modules de Technologie Culinaire*, TOME 1, 2, Editions BPI

H.et URENNER, G. TEMPESTA, *L'HÔTELLERIE ET DE LA RESTAURATION*,

CLE international, 1992

C. DESCOTES-GENON, E. SZILAGYI, *Service compris,* | pug | flem, 1995

Philippe LAMBOLEY, *Saveurs　&　terroirs du Lyonnais*, HACHETTE, 1997

C. et B. CHARRETTON, *A table ! un million de menus*, FRANCE LOISIRS, 1996

Paul Bocuse, *Bon appétit !*　　Flammarion

Monika Kellermann, Les VIANDES, SOLAR, 1994

Vicki Liley, *la Cuisine Essentielle, Légumes,* édition Soline, 2001

Hors-d'œuvre, Collection Mirabelle, 2001

Françoise Bernard, *LE LIVRE D'OR,* HACHETTE

La bonne CUISINE DU GOURMET, image

Carte, Restaurant Taillevent, 2003

Carte et Menu, Restaurant Paul Bocuse, 2005

LAROUSSE de la Cuisine, LAROUSSE, 2004

LAROUSSE des cuisines régionales, LAROUSSE, 2005

☆メニューをご提供いただいたレストラン　ポール・ボキューズ、レストラン　ル・ムーリスに心より感謝いたします。

著者略歴

塩川　由美（しおかわ　ゆみ）
　福岡出身。九州大学文学部卒。
　1970年の渡仏をきっかけに、本格的にフランス語を始める。
　翻訳、通訳の仕事の傍ら、1994年より調理師専門学校、ホテル専門学校にて調理のフランス語を教える。
　また、フランス食品振興会（SOPEXA）のコーディネーターとして活動。
　著書『新・現場からの製菓フランス語』G.B.（共著）
　著書『現場からの調理イタリア語』G.B.（共著）

藤原　知子（ふじわら　ともこ）
　福岡出身。東京女子大学文理学部卒。
　延べ3年間のフランス滞在を機にフランス文化、とくに食文化への興味を持ち始める。
　1992年より調理師専門学校、ホテル専門学校で「調理のフランス語」を教える。
　同1992年「フランス語通訳センター」を設立。
　著書『La Cuisine Familiale Japonaise』（日本の家庭料理）石風社　（共著）
　著書『新・現場からの製菓フランス語』G.B.（共著）

新・現場からの調理フランス語

2006年 2 月20日	初版発行	
2008年 4 月10日	初版第 5 刷発行	
2010年 3 月25日	新版初版発行	
2016年 3 月10日	新版第 5 刷発行	
2017年 3 月10日	新版第 6 刷発行	
2019年 3 月10日	新版第 7 刷発行	
2021年 3 月10日	新版第 8 刷発行	
2024年 3 月28日	新版第 9 刷発行	

定価：本体1,500円＋税

著　者	塩川　由美（IECF）
	藤原　知子（IECF）
監　修	塩川　徹
編　集	松橋　耕
発行人	坂尾　昌昭
発行所	株式会社 G.B.
	〒102-0072　東京都千代田区飯田橋4-1-5
	電　話　03-3221-8013（編集・営業）
	ＦＡＸ　03-3221-8814（ご注文）
	http://www.gbnet.co.jp/
印刷所	TOPPAN株式会社

＜検印省略＞

落丁・乱丁本はお取り替えいたします。
Printed in Japan　ISBN978-4-906993-35-2

新・現場からの
調理フランス語

解答集

基礎編

Leçon 1 　　「トマトのサラダ」

1. 男性名詞と女性名詞
留意点
　　男性名詞と女性名詞の概念をしっかりと頭に入れる。
P.14【練習】

concombre	コンコンブル	キュウリ	男
épinard	エピナール	ホウレン草	男
carotte	キャロットゥ	人参	女

2. 単数と複数
留意点
　　複数形の作り方の原則と、例外をおさえる。
　　複数形の発音が、単数形と同じことは、英語になじんでいると忘れがちなので気をつける。
　　《 pomme de terre 》《 chou-fleur 》《 petit pois 》は良く使われるので、性はどうなるか、また複数形の作り方を覚えておくと良い。（P.57 参照）

P.15【練習】

asperge	アスペルジュ	アスパラガス	女	asperges
poivron	ポワヴロン	ピーマン	男	poivrons
pomme	ポム	リンゴ	女	pommes

［例外］
⑴ ＜例＞

cassis	→	cassis
noix	→	noix
riz	→	riz

⑵ ＜例＞

| chou | → | choux |
| veau | → | veaux |

P.16【練習】

citron	スィトロン	レモン	男	citrons
radis	ラディ	ラディッシュ	男	radis
aubergine	オベルジーヌ	ナス	女	aubergines
poireau	ポワロ	ポロ葱	男	poireaux
anchois	アンショワ	アンチョビ	男	anchois

1

P.17　コラム（みんなが知っているフランス語）

シェフ	（13）	ポタージュ	（3）
クロワッサン	（9）	ソムリエ	（2）
ブラボー	（10）	グルメ	（4）
カフェオレ	（14）	ビストロ	（6）
クレープ	（12）	シネマ	（7）
コンソメ	（8）	ブティック	（1）
レストラン	（11）	ムース	（5）

3.　《 de 》について

留意点

　　　《 de 》の役割（後ろの単語が何を表すか）と使い方（《 de と d' 》）を理解する。
　　　《 de 》は母音字の前では縮約が行われる。良く使われる食材の中には homard や
　　haricot vert のように縮約の行われない単語があるので、辞書での見分け方を確認する。

（P.77 参照）

　　　縮約時の発音のとりかた

　　　　　《 d' 》の後の単語の最初の文字と音が違う場合があるので、必ず最初の音と組み
　　　　合わせる。（発音をしてみると良い）　＜例＞　d'aubergine

P.18【練習問題】
　　① 鶏のコンソメ　　　　　　　　　　　　　⑴
　　② ディジョン（産）のマスタード　　　　　⑵
　　③ 牛のフィレ肉　　　　　　　　　　　　　⑶
　　④ ズッキーニのグラタン　　　　　　　　　⑴

P.19【練習】
　　① エルブ　　　　　　　デルブ
　　② ユイル　　　　　　　デュイル
　　③ オニョン　　　　　　ドニョン

　　【練習問題】
　　① グラタン　ドベルジーヌ　　　　・・・ナスのグラタン
　　② サラードゥ　ドランジュ　　　　・・・オレンジのサラダ
　　③ ヴァン　ダルザス　　　　　　　・・・アルザス（産）ワイン
　　④ クレーム　デピナール　　　　　・・・ホウレン草のクリームスープ

発音してみよう

1. haricot （アリコ）　　　homard （オマール）
2. radis （ラディ）　　　riz （リ）
3. laitue （レテュ）　　　foie （フォワ）
4. laitues （レテュ）　　　poireaux （ポワロ）

4. 料理名を書いてみよう

留意点

料理名の中で《 de 》を使う場合を整理する。特に、部位 あるいは 切り方＋de＋主材料
の形はよく使われるのできちんと頭に入れておく。

P.21【練習問題】

① Salade d'avocat（s）

② Soupe de potiron

③ Gratin de pommes de terre

④ Rôti de poulet de Bresse

⑤ Pâté de foie（s）　de volaille（s）

⑥ Salade de homard de Bretagne

⑦ Terrine de ris de veau

Leçon 2 　　「トマトのサラダ、バジル風味」

1. 《 au 》の役割

留意点

《 au, à la, à l', aux 》の後の食材は、主材料ではないが添加したものを意味する。
基本的には、風味付けに加えた食材、主材料の他に入れた食材、またメインの料理に
添えられたものを表す。
ここでは、文法（à＋定冠詞であること）に触れてないので、興味ある人は、P.113 参照

2. 《 au 》の仲間

留意点

４つのうちのどの形かを見極める優先順位は次のようになる。
　―複数の名詞の前にくるときは常に《 aux 》（母音字または《 h 》で始まる単語も）
　―単数の名詞の前にくる時は３つの形があるが、
　　　　　　母音字で始まる単数の名詞の前は常に《 à l' 》。
　　以上の２つは、後の名詞の性を調べる必要はない。
　―《 h 》で始まる単語の単数形のときは、文法的には《 au, à la, à l' 》の３通りの

3

可能性があるが、《 à l' 》以外はほとんど実例がないので考えなくてよい。

　一後ろの名詞が単数で、母音字で始まらないときは、辞書で後の名詞の性を調べて
《 au 》または《 à la 》のどちらかを確かめる。

　発音のポイントは《 d' 》と同じ。後に続く単語の最初の音（文字ではない）と組み合せ
て発音することが大事。

P.23【練習】
　　① エシャロットゥ　　　　　ア　レシャロットゥ
　　② ユイル　　　　　　　　　ア　リュイル
　　③ オニョン　　　　　　　　ア　ロニョン

P.24【練習問題】（1）
　　① アスパラガスのサラダ、仔牛の胸腺肉（リ・ド・ヴォー）添え（入り）
　　② カリフラワーのスープ、ココナツ入り
　　③ オレンジ（風味）のシャーベット
　　④ 舌平目のフィレ、ヌードル添え
　　⑤ アンチョビ入りズッキーニのサラダ

　【練習問題】（2）
　　① aux
　　② au
　　③ aux
　　④ à l'
　　⑤ de,　　à la
　　⑥ de,　　aux
　　⑦ de,　　au
　　⑧ de,　　à l'

3. 料理名の書き方　パターン Ⅰ
留意点

ポイント！ の部分は書き方の基本になる大事なところ。

　⑵の中で柑橘類は数えられる名詞だが、風味付けで使うときは単数形にする。ただし、
主材料として使うときは複数になる可能性がある。

　⑶で単数形にする名詞は、基本的に数えられない名詞（非加算名詞）。
　　　《 lait 》《 farine 》等も入る。

　⑷の例の中で、《 légumes 》《 herbes 》は、すでに複数のイメージがある。
　例えば、ハーブとしてバジルしか使わないときには、《 basilic 》となるはず。

P.28【練習問題】

① Soupe de moules au safran
② Filet de porc à l'ananas
③ Salade de champignons au（x） poivron（s）
④ Terrine de canard à l'orange
⑤ Filet（s） de sole aux épinards
⑥ Gratin de chou-fleur aux crevettes
⑦ Salade de haricots verts à l'huile de noix

発音してみよう

アスペルジュ	セルリ	ラディ	ポール
asperge	céleri	radis	porc

Leçon 3 　　　「冷製コンソメ」

留意点

　フランス語の形容詞は、修飾する名詞の性と数によって形が決まることを認識する。
日本語や英語の形容詞より複雑なので基本を理解することが重要。また形容詞の位置も
日本語や英語と違い、ほとんど名詞の後に置かれることも頭に入れる。
　男性形で最後の子音字が発音されない場合は、女性形で後ろに《 e 》がつくとその子音字
が発音されることも大切。
　＊数字も形容詞として名詞を修飾する場合は、名詞の前に付けられる。

2. 形容詞の位置

P.31 ＜例＞ 　　　 petit 　　　 小さい
　　　　　　　　　 grand 　　　 大きい
　＜例＞ 　　 2 種類のジャガイモ入りポタージュ
　　　　　　 牛のフィレ、3 種類のコショウ風味

3. 料理名に良く出る形容詞

P.33【練習】

グラン grand	（ 大きい ）	grands	グランドゥ grande	grandes
プティ petit	（ 小さい ）	petits	プティットゥ petite	petites
ショ chaud	（ 熱い ）	chauds	ショードゥ chaude	chaudes
フロワ froid	（ 冷たい ）	froids	フロワドゥ froide	froides
ジョーヌ jaune	（ 黄色い ）	jaunes	ジョーヌ jaune	jaunes
ノワール noir	（ 黒い ）	noirs	ノワール noire	noires

5

【練習問題】

① jaune
② chaud
③ verte
④ petite
⑤ petites
⑥ noire
⑦ verte
⑧ grandes,　　　vertes
⑨ olive,　　　　verte
⑩ petites olives vertes

P.34【練習】

① Gratin de fruits
② Gratin de fruits rouges
③ Gratin froid de fruits rouges
④ Gratin froid de petits fruits rouges

P.35【練習問題】

① Salade d'asperges vertes
② Soupe froide de laitue
③ Filet de bar au vin rouge
④ Huîtres chaudes au curry
⑤ Canard aux olives vertes
⑥ Compote de pêches jaunes
⑦ Salade verte aux noix
⑧ Langoustine（s）　aux petits légumes

Leçon 4　　　　「鮭の網焼き」

留意点

　　この章で学ぶ動詞の過去分詞は、形容詞である。従って形容詞の原則が全て当てはまる。
　　動詞から過去分詞を作るには《 er 》動詞と、それ以外の動詞に分けて作り方を学ぶ。

1)《 er 》で終わる動詞の過去分詞
P.37【練習】

① mariné　　　　　マリネした
② sauté　　　　　　ソテーした
③ poêlé　　　　　　ポワレした
④ concassé　　　　刻んだ、砕いた

6

発音してみよう

パートゥ　ユイットゥル　コートゥ
pâte　huître　côte

オリーヴ　ア リ コ　リ　ア ミ　カ
olive　haricot　ris　ami　cas

P.38【練習】

① salé　poisson salé
　　　　　légumes salés
　　　　　eau salée
　　　　　aubergines salées

② râpé　oignons râpés
　　　　　pomme râpée
　　　　　carottes râpées
　　　　　fromage râpé

発音してみよう

ジュ　レ テュ
jus　laitue

テュルボ　カフェ　テ　フリュイ　ニュメ ロ
turbot　café　thé　fruit　numéro

P.39【練習問題】

① braisé　　ハムの蒸し煮、パイナップル風味
② braisés　　サヤインゲンのバター蒸し
③ fumées　　ソーセージの燻製、レンズ豆添え
④ poché　　フレッシュフォワグラのポシェ、ジロール茸添え
⑤ sauté　　若鶏のソテー、シードル（リンゴ酒）風味
⑥ mariné　　鮭のマリネ、アネット（ディル）風味
⑦ grillée　　仔牛の背肉の網焼き、フィーヌゼルブ風味
⑧ poêlé　　鴨のフォアグラのポワレ、緑レンズ豆添え

発音してみよう

レ　レ テュ
lait　laitue

セー グル　ネー ジュ
seigle　neige

エ ペ　ペ　メ　エ　フェ
épais　paix　mais　haie　fait

Leçon 5　「ポテトフライ」

2. 《 er 》以外で終わる動詞の過去分詞

留意点

　　ここでは、過去分詞を作る規則を覚えるよりも、ここに出ている合計4つの過去分詞の形を覚えてしまう方がはやい。

7

P.40【練習】

① frit

② frites

③ frit

④ frite

P.41

frire （揚げる　　　　　）　　　　frit（フリ）　　　　frite（フリットゥ）
_{フリール}

confire （脂漬けする、砂糖漬けする）　confit（コンフィ）　confite（コンフィットゥ）
_{コンフィール}

rôtir （ローストする　）　　　　rôti（ロティ）　　　rôtie（ロティ）
_{ロティール}

farcir （詰め物をする　）　　　　farci（ファルスィ）farcie（ファルスィ）
_{ファルスール}

【練習問題】（1）

① rôti

② farcies

③ rôtie

④ confites

【練習問題】（2）

① farcie　　　　　　　ズッキーニのトマト詰め

② rôties　　　　　　　トマトのロースト、ニンニク風味

③ confite　　　　　　　仔羊の肩肉のコンフィ、スパイス風味

④ farcie　　　　　　　仔牛の胸肉のファルシ（詰め物）、フィーヌゼルブ風味

⑤ rôti　　　　　　　　仔羊の骨付き背肉のロースト、白インゲン豆添え

3. 料理名の書き方　パターン Ⅱ

留意点

「調理法を表す形容詞」の置かれる位置を把握する。

また、主材料を直接修飾するときは主材料の性・数に一致、

部位あるいは切り方があるときはそれの性・数に一致させることを理解する。

P.43　　発音してみよう

café au lait　　chaud　　sauce

eau　　　　　veau　　agneau

beau　　　haut　　bateau　　　　mauvais　　peau

P.44【練習問題】

① Sole braisée au vin blanc

② Homard poêlé aux herbes fraîches
③ Cuisse de canard confite aux lentilles
④ Pommes （de terre） farcies aux truffes
⑤ Filet de bœuf poché aux petits légumes
⑥ Caille farcie aux champignons
⑦ Côtelettes d'agneau grillées au poivre vert
⑧ Asperges pochées au vin rouge

＊「〜詰め」の構文は、原則的につぎのようになる。
主材料＋ farci（s,e,es） ＋ 《 au, à la, à l', aux 》のいずれか ＋ 中に詰められる物

Leçon 6　　「鯛の網焼きプロヴァンス風」
留意点
　　à la ＋地名の形容詞の女性形　のパターンを覚える。日本語の料理名で「〜風」という言葉がどの位置にあっても、フランス語では常に料理名の最後に置く。

P.46【練習】

ノルマンディ	ノルマン	ノルマンドゥ	ア ラ ノルマンドゥ
Normandie	normand	normande	à la normande
アルザス	アルザスィヤン	アルザスィエンヌ	ア ラルザスィエンヌ
Alsace	alsacien	alsacienne	à l'alsacienne
ブルゴーニュ	ブルギニョン	ブルギニョンヌ	ア ラ ブルギニョンヌ
Bourgogne	bourguignon	bourguignonne	à la bourguignonne
ボル ド	ボルドレ	ボルドレーズ	ア ラ ボルドレーズ
Bordeaux	bordelais	bordelaise	à la bordelaise

2）料理名の書き方　パターン Ⅲ
留意点
　　風味やつけ合わせを表す《 à la 》あるいは《 à l' 》とは、形が同じでも役割は違う。

Crêpe à la normande　　　　　ノルマンディ風クレープ
Crêpe à la menthe　　　　　　ミント風味のクレープ

P.47【練習問題】
① Épaule d'agneau rôtie à la bordelaise
② Escargots à la bourguignonne
③ Tarte aux quetsches à l'alsacienne
④ Crêpe au calvados à la normande

Leçon 7　　ソース名を書いてみよう

留意点

　　ソース名は、① sauce の後にそのソースの主材料を書く
　　　　　　　　② 「〜風味のソース」と訳せる、風味を強調したものは、
　　　　　　　　　 sauce の後に《 au, à la, à l' 》を置き、風味付けの食材を書く
　　の2通りでほとんどが書ける。
　　その他、地名や人名にちなんだものは、材料や作り方の決まったソースである。
　　ソース名の書き方は P49 の(1)〜(3)のどれでも良いが、一般的には(2)の書き方が見た目に
　　判別しやすい。

1）ソース名の書き方
P.48

＜例＞　　sauce béarnaise　　ベアルネーズソース（卵黄、バター、エシャロットなどで作るソース）
　　　　　sauce américaine　　アメリカンソース（甲殻類を使ったソース）
　　　　　sauce Béchamel　　ベシャメルソース（濃厚なホワイトソース）

P.49【練習問題】
　　① Côte de bœuf grillée aux trois sauces
　　② Filet de saumon(,) sauce au vin blanc
　　③ Poularde farcie(,) sauce champignon
　　④ Râble de lapin rôti(,) sauce moutarde
　　⑤ Côtelette de porc(,) sauce porto

Leçon 8　　料理名の書き方・まとめ

留意点

　　この図式で（D）と（E）を縦にならべてあるのは、一つの料理名に（D）と（E）の
　　2つが共にあることはほとんどないため。
　　料理名を書くときは、様々な組み合わせがあるが、書く順はこの表のブロックの並びを
　　尊重する。例えば（B）の前に（D）が来ることは不可。
　　組み合わせの例のところで、よくある料理名の組み合わせを出している。

組み合せの例
P.50
　　サラダ
　　クルミ入りグリーンサラダ
　　ギリシャ風サラダ
　　グリーンサラダ、ヴィネグレットソース（フレンチドレッシング）
　　トマトのサラダ

トマトのサラダ、バジル風味
キャベツのサラダ、ノルマンディ風

若鶏のソテー
若鶏のマスタード風味

P.51
若鶏のロースト、ニンニク風味
若鶏のロースト、プロヴァンス風
ブレス（産）の若鶏のクリーム煮
ブレス（産）の肥育鶏のブレゼ、エストラゴン風味
若鶏のもも肉のロースト
若鶏のもも肉、ハチミツ風味
若鶏のもも肉、プロヴァンス風
若鶏の胸肉、マスタードソース添え
若鶏のもも肉のロースト、香草風味
若鶏のもも肉のロースト、ホースラディッシュ（西洋ワサビ）ソース

P.53【練習問題】
① Salade de poivron（s） rouge（s） au thym
② Terrine d'anchois aux olives noires
③ Gratin de chou-fleur aux épinards
④ Saucisson de canard au foie gras
⑤ Tarte aux pommes à la normande
⑥ Terrine de foies de volaille au cognac
⑦ Langoustines rôties aux pommes de terre à l'huile d'olive
Langoustines rôties, pommes de terre à l'huile d'olive
⑧ Dinde farcie aux marrons
⑨ Tomate（s） rôtie（s） à l'ail
⑩ Jarret de veau braisé au cidre
⑪ Poire pochée au vin rouge
⑫ Carré d'agneau rôti à l'estragon
⑬ Côte de bœuf grillée, sauce échalote
⑭ Poularde de Bresse poêlée au citron confit
⑮ Lapin sauté aux petits oignons
⑯ Filet（s） de sole poché（s） aux cèpes
⑰ Daurade poêlée à la tomate confite
⑱ Coquilles Saint-Jacques marinées au citron vert
⑲ Tomate（s） farcie（s） à la provençale
⑳ Salade d'asperges vertes au foie gras de canard poêlé
Salade d'asperges vertes, foie gras de canard poêlé

ステップアップ

1. 特殊な名詞
留意点

料理名によく出てくる単語だけ覚えておくと良い。複数形は形の変化だけでなく読み方が変わるので注意する。

P.57【練習】

① gâteaux (ガトー)　② cheveux (シュヴ)

③ bocaux (ボコ)　④ hiboux (イブ)

2. 「トマトとキュウリのサラダ」
留意点

P.58〈 de 〉を繰り返すことを忘れないようにする。

① Soupe de laitue et de petits pois

② Beignets de pommes de terre et de truffes

③ Salade de gambas et de pâtes fraîches

3. 「人参のサラダ、レモンとニンニク風味」
留意点

P.56の複数の主材料の場合と同じように「レモン風味」au citron,「ニンニク風味」à l'ail を〈 et 〉でつなぐと考えるとよい。

P.60【練習問題】(1)

① au,　　au　　カキの冷製、ホースラディッシュとクレソン風味
② à la,　au　　蛙の脚、ニンニクのピュレとパセリのジュ添え
③ au,　　aux　チョコレートと生クルミ入りのケーキ

P.61【練習問題】(2)

① Salade de noix de coquilles Saint-Jacques aux girolles et au caviar.
② Foie de veau au miel et au citron.
③ Marrons confits aux petits oignons et aux noix.
④ Huîtres chaudes au fenouil et au curry.
⑤ Clafoutis aux pommes et aux raisins secs.

P.61　　発音してみよう

シュー　　　　　　　クト　　　　　　ムール
chou　　　　couteau　　　moule

ノワ　　　　　　　　フォア　　　　　　ポワ
noix　　　　foie　　　　pois

ボ　ク　　　　　　　ル　　　　　　　ヌ ヴォ　　　　　　　　ル ロ
beaucoup　　loup　　　nouveau　　　rouleau

トワ　　　　　　　モワ　　　　　　ボワソン　　　　　　　ソワ
toit　　　　moi　　　　boisson　　　soie

4. 形容詞

留意点

　　不規則に変化する形容詞なので料理名によく出てくるものだけでも丸覚えしたが良い。

P.62　　レジェール
　　　　légère　　　　　　軽い

　　　　ボ　ヌ
　　　　bonne　　　　　　良い

　　　　アンスィエンヌ
　　　　ancienne　　　　古い

P.62【練習】

　① 春の　　　　　　　ブランタニエール
　　　　　　　　　　　printanière

　② 温かい、ぬるい　　ティエドゥ
　　　　　　　　　　　tiède

P.63【練習】

　　　　　　　　　　　　フレ　　　　　　　　　　　フレシュ　　　　　　　　　フレシュ
　① 新鮮な　　　　　　frais　　　　　　　fraîche　　　　　　fraîches

　　　　　　　　　　　　　セック　　　　　　　　　　セシュ　　　　　　　　　セシュ
　② 乾燥させた、辛口の　secs　　　　　　　sèche　　　　　　sèches

　　　　　　　　　　　　ブラン　　　　　　　　　　ブランシュ　　　　　　　ブランシュ
　③ 白い　　　　　　　blancs　　　　　　blanche　　　　　blanches

　　　　　　　　　　　　ヌ ヴォ　ヌ ヴェル　　　　　ヌ ヴェル　　　　　　　ヌ ヴェル
　④ 新しい　　　　　　nouveaux（nouvels）　nouvelle　　　　nouvelles

【練習問題】

　① Soupe de légumes printaniers
　② Gratin de pommes de terre nouvelles
　③ Sardines fraîches au pamplemousse
　④ Salade tiède de haricots verts au lard fumé
　⑤ Asperges blanches à la mayonnaise légère

発音してみよう

ブ　ル　　　　　　ウフ　　　　　ブフ
beurre　　　　œuf　　　bœuf

オ　ル ドゥーヴル　　　　プ　　　　　クール　　　　フ　　　　　フルール
hors-d'œuvre　　peu　　　cœur　　　feu　　　fleur

5.「トマトとズッキーニのマリネ」
留意点
　　調理法を表す形容詞を使った料理名の書き方をしっかり理解しているかどうかがポイント
となる。（P.36 参照）　まず、「トマトのマリネ」を作り、次に「トマト」の部分を「トマ
トとズッキーニ」の複数にすればよい（< et >でつなげばいいのである）。ただし、後に
続く形容詞の変化は名詞が複数になったので気をつけなればならない。（規則に従う）
マリネを料理名として最初に書いてはいけない。
　　答　Tomate(s) et courgette(s) marinée(s)

P.64【練習問題】
　① Coquilles Saint-Jacques et endives braisées au beurre
　② Poivrons et anchois marinés au thym
　③ Turbot et noix de coquilles Saint-Jacques poêlés à la tomate confite
　　　　　　　　　　　　　　　　　　　　aux tomates confites

6.「若鶏のロースト」
留意点
　　調理法を表す形容詞は、主材料の後ろにつくが、中にはその形容詞が名詞化してサラダや
テリーヌと同じように出来上がりの料理名として使われる場合がある（置かれる位置が変
わることに注意）。ただし、マリネやブレゼのように日本語では料理名として使われている
ものでもフランス語では料理名として使えないものもあるので気をつける。
　① Poulet rôti　　② Rôti de poulet
P.65【練習問題】

① sautées	Sauté	蛙の脚のソテー、フィーヌゼルブ風味
② rôtie	Rôti	ブレス産鶏のロースト、トリュフ添え
③ poêlées	Poêlée	帆立貝のポワレ、ノワイ（ヴェルモット）風味

7.「プロヴァンス風」ってどんな風？
留意点
　　à la を省略したときの形容詞の変化に気をつける。
P.66【練習】
① à la normande
　　バター、生クリーム、海産物、りんご、シードルなど特産品を用いる。
② à l'alsacienne
　　シュークルート、塩漬け生ベーコン、ストラスブール産のハムやソーセージ、ジャガイモ
　　などが付け合される。
③ à la bordelaise
　　ワイン、エシャロット、骨髄などが使われることが多い。
④ à la bourguignonne
　　肉、家禽をシャンピニョン、玉ねぎ、ベーコンと共に赤ワインで煮込む料理法、またはソ
　　ース・ブルギニョンヌ（エシャロット、パセリ、シャンピニョンを赤ワインで煮込んだソー
　　ス）を添えた料理に使う。

⑤ à la niçoise

ニンニク、オリーブ、アンチョビ、トマト、サヤインゲンなどが使われる。

⑥ à la lyonnaise

バターで炒めた薄切り玉ネギとパセリが入っていることが多い。

P.67【練習問題】

① Œufs pochés à la bourguignonne

② Foie de veau à la bordelaise

③ Omelette à la normande

④ Oreilles de porc sautées à la lyonnaise

⑤ Filet de bar grillé à la ratatouille niçoise

8.「フェルナン・ポワン風」って何?

留意点

人名風の場合は、地方風とは違って普通 à la をつけない。

P.68【練習問題】

① オムレツ、<u>パルマンティエ</u>風	18 世紀末〜19 世紀初め、フランスでジャガイモの普及に努めた農学者。
② 牛フィレ、<u>ロッシーニ</u>風	美食家で有名なイタリアのオペラ作曲家。フォワグラとトリュフを使った料理に用いる。
③ 仔鴨の<u>トゥールダルジャン</u>風	鴨料理で有名なパリのレストランの名前。
④ <u>デュ・バリー</u>風ポタージュ	フランス国王ルイ 15 世の愛妾。カリフラワーを使った料理に用いる。
⑤ ピーチ<u>メルバ</u>	20 世紀最大の料理人といわれるエスコフィエがオーストリア出身の有名な歌手メルバのために作ったデザート。

〔練習問題〕

P.70　　形容詞Ⅰ・au, à la, à l', aux

① Terrine de saumon frais aux pistaches

② Petit pâté chaud de canard

③ Omelette aux champignons et au lard fumé

④ Salade de légumes de saison à l'huile de noix

⑤ Carpaccio de coquille（s）　Saint-Jacques à l'huile d'olive et au parmesan

⑥ Salade de crevettes et de brocoli au vinaigre de vin blanc

⑦ Crème de lentilles aux truffes blanches

⑧ Fricassée de langoustines aux légumes printaniers

⑨ Sole meunière , pâtes fraîches au thym et au romarin

⑩ Caneton à l'orange , tartelettes aux épinards

P.71　　形容詞Ⅱ

① Gambas marinés au gingembre

② Tronçon de turbot rôti aux artichauts sautés

③ Filet de rouget poêlé aux pommes de terre écrasées

④ Bar poché ou grillé au citron et à la coriandre

⑤ Foie de veau braisé aux pommes de terre nouvelles

⑥ Poulet de Bresse sauté aux courgettes frites（à la courgette frite）

⑦ Cuisse de volaille farcie aux champignons

⑧ Entrecôte grillée sauce béarnaise

⑨ Ris de veau sauté au jus de truffes

⑩ Escalope de veau poêlée aux navets à la crème

P.72【総合練習問題】

① Terrine de foie gras frais à la figue confite
　　　　　　　　　　　　　aux figues confites

② Salade tiède de haricots verts au blanc（suprême）　de volaille

③ Asperges vertes en feuilleté sauce hollandaise
Feuilleté d'asperges vertes sauce hollandaise

④ Champigons et légumes marinés à la coriandre

⑤ Œufs brouillés à la fondue de truffes

⑥ Steak de filet de bœuf de Matsuzaka aux pommes à l'ail et au persil
Steak de filet de bœuf de Matsuzaka, pommes à l'ail et au persil

⑦ Gigot d'agneau d'Australie rôti aux herbes
Rôti de gigot d'agneau d'Australie aux herbes

⑧ Joue de bœuf braisée au vin rouge, carottes au cumin
Joue de bœuf braisée au vin rouge aux（et）　carottes au cumin

⑨ Banane（s）　flambée（s）　au rhum

⑩ Savarin moelleux et compote de fruits secs

P.78　　発音練習問題

1. 母音字、発音しない文字

ロワ	ジュ	フ	ペ	フロワ
roi	jus	feu	paix	froid

フール	オテル	ボ	ブ	オ
four	hôtel	beau	bout	haut

メ	バト	エ	リュ	デビュ
mais	bateau	haie	rue	début

2.〈e〉の発音

ル	レ	プティ	ネ	ピュレ
le	les	petit	nez	purée

ビュフェ	メール	エペ	エフェ	フォレ
buffet	mère	épais	effet	forêt

ビエール	ミルポワ	マルムラードゥ	セル	クルヴェトゥ
bière	mirepoix	marmelade	sel	crevette

3. 鼻母音 （母音字 ＋ m, n ）

エントレ	フォンダン	ムラン	ジャンボン	タン
entrée	fondant	moulin	jambon	thym

ブラン	アンファン	パン	カマンベール	コンコンブル
brun	enfant	pain	camembert	concombre

4. 〈 il, ill 〉の発音

コライユ	ファミーユ	ブテイユ	フイユ	アパレイユ
corail	famille	bouteille	feuille	appareil

5. 〈 c 〉の発音

スリーズ	キュヴェ	シヴェ	クプ	セパージュ
cerise	cuvée	civet	coupe	cépage

コラン	セルクル	ファソン	コンポートゥ	カ カ ウェットゥ
colin	cercle	façon	compote	cacahouète

6. 〈 g 〉の発音

グロ	ガルニテュール	ジ ゴ	グ	ゴーフル
gros	garniture	gigot	goût	gaufre

ジ レ	ジュレ	グル メ	ム ラン グ	ジャンジャンブル
gilet	gelée	gourmet	meringue	gingembre

7. 〈 s 〉の発音

アスピック	ソヴァージュ	スィロ	ム ス	ボワソン
aspic	sauvage	sirop	mousse	boisson

サヴァラン	メ ゾン	ソスィス	クザン	ジャポネーズ
savarin	maison	saucisse	cousin	japonaise

8. 〈 ch 〉の発音

ショ	シェ	ショコラ	シャト	シノ ワ
chaud	chez	chocolat	château	chinois

ブ シュ	シェーヴル	シコ レ	シュ ヴ	シャスール
bouche	chèvre	chicorée	cheveux	chasseur

9. 〈 gn 〉の発音

ア ニョ	ミ ニョン	ベ ニ エ	アルマニャック	カンパーニュ
agneau	mignon	beignet	armagnac	campagne

10. 総合

ル レ	シャ ポ	ス エ	オテス	スュセットゥ
relais	chapeau	souhait	hôtesse	sucette

ゴ ブ レ	スィゾ	パルム ザン	モ レ	ヴェール
gobelet	ciseau	parmesan	mollet	verre

セルヴェル	ミュール	スィニャル	ピ ニョン	プルミエ
cervelle	mûre	signal	pignon	premier

エコル	グラソン	テイエール	アンヴィテ	パティスリ
école	glaçon	théière	invité	pâtisserie

デ ジュ ネ	ディ ネ	コキヤージュ	モワティエ	キュイズィニエ
déjeuner	dîner	coquillage	moitié	cuisinier

グジェール	キャプシュル	オヴェルニュ	パイユ	デルニエール
gougère	capsule	Auvergne	paille	dernière

応用編

Leçon 9　メニューの読み方　1

留意点
1. Carte と Menu の意味を正確に把握する（日本語のメニューとフランス語の Menu を混同しないよう）
2. Entrée という単語の意味とメニュー構成の変化を知る。
3. 基礎編で学んだ料理名が実際のレストランのメニューの中でどのように使われているかを学ぶ。

P.83　メニューの日本語訳
一品料理
アントレ（前菜）
　　　トマトのサラダ、バジル風味
　　　ガチョウのフォワグラのテリーヌ
　　　冷製コンソメ
　　　季節の野菜のポタージュ
魚、甲殻、貝料理
　　　鯛の網焼き、レモン風味
　　　帆立貝、粗塩添え
　　　ブルターニュ産のオマール海老のフリカッセ
肉、鶏料理
　　　鴨のオレンジ風味
　　　牛フィレのポワレ、赤ワインソース
　　　ブレス産若鶏のソテー、ポテトフライ添え
チーズ
　　　フランスチーズの盛り合わせ
デザート
　　　赤い果物のグラタン
　　　自家製アイスクリームとシャーベット
　　　フォンダンショコラ、ミントの冷たいクーリを添えて

P.85

ブルジョワコース

当店のアミューズ・ブッシュ

オマール海老のサラダ仕立て　フランス風

舌平目のフィレ　フェルナン・ポワン風

ボジョレワインのグラニテ

仔牛の骨付き背肉と胸腺肉のロースト、ココット仕立て ブルジョワ風付け合わせ

"リシャールおばさん"特選のチーズ各種

デザート

プティフールとチョコレート

1人前　235 ユーロ

Leçon 10   メニューの読み方　2

ポール　ボキューズのメニュー

留意点：

《 en 》 については例題をしっかり理解することでその使い方を学ぶ。

この表現は、《 de 》 の重複を避けるためと、《 en 》 を使った表現のほうが多少凝った感じが出るのでシェフによってはしばしば使われる。

P.87

① 黒トリュフのスープ、V.G.E.（ヴァレリー・ジスタン・デスタン大統領）に捧げて

② ブルゴーニュ産の殻付きエスカルゴ　パセリバター風味

③ オマール海老のサラダ仕立て　フランス風

④ すずきのパイ包み　ショロンソース添え（2名様用）

⑤ ひめじ、パリパリじゃがいものうろこ仕立て

⑥ エクルヴィス入りカワカマスのクネル　ノルマンディ風ソース

⑦ 舌平目のフィレ　フェルナン・ポワン風

⑧ 仔牛の骨付き背肉と胸腺肉のロースト、ココット仕立て、ブルジョワ風付け合わせ

⑨ 仔羊の骨付き背肉"コート・プルミエール"のロースト　タイムの花添え

⑩ 牛フィレのロッシーニ風　ペリグーソース添え

⑪ ブレス産鶏の串焼き

⑫ "リシャールおばさん"特選のチーズ各種

P.89

殻つき

サラダ、サラダ仕立て

パイ、パイ包み

パイ、パイ包み

鱗仕立て

ココット、ココット仕立て

ヴェシ仕立て、包み煮

P.89　　【練習】

① Filet de rouget en salade

② Pâté de foie gras en feuilleté

③ Saumon frais en terrine

参考

P.94【練習】

① 豚足のソーセージと胸肉のグリエ　ヒヨコマメのピュレ添え

② 鮭のロースト（カリッとした）皮を添えて、ブールルージュソース（ブール·ブラン
　ソースの白ワインに対して赤ワインが使用されていると思われる）

③ ブルターニュ産のオマール海老と澄ましたフュメ

Leçon 12　　ルセットの読み方

材料

留意点

　　材料の数や量の表現は、食材によって特殊な表現があるので気をつける。

P.96【練習】

（3）① アン　ヴェール　ドゥ　　　　　　　コップ一杯の〜

　　② ユヌ　フイユ　ドゥ　　　　　　　　1枚の〜

　　③ ユヌ　ボットゥ　ドゥ　　　　　　　1束の〜

　　④ アン　ブケ　ドゥ　　　　　　　　　1束の

　　⑤ ユヌ　トゥランシュ　ドゥ　　　　　1枚の〜

P.97【練習問題】

（1）① シブレット　　　　　　1束

　　② 玉ネギ（中）　　　　　2個

　　③ ヴィネガー　　　　　　大さじ　1

　　④ ニンニク　　　　　　　1かけ

　　⑤ セロリ　　　　　　　　1本

　　⑥ 食パン　　　　　　　　1枚

（2）①　シェーブルチーズ（入り）のタルト

材料 6 人前

小麦粉　　　　30 g

バター　　　　30 g　　　　　　牛乳 1/4 リットル

卸したグリュイエールチーズ　100 g

フレッシュシェーブルチーズ　3 個

ハム　　　　2 枚

卵黄　　　　2 個分

折込みパイ生地　250 g

②　鯖の網焼き レモン風味

鯖（1 尾 250〜300 g）　4 尾

柔らかいバター　60 g

ミックスハーブ　1 束（パセリ、タイム、セージ、オレガノ）

ノーワックスのレモン　1 個

ローズマリー　4 枝

挽いた白胡椒

Leçon 13　　ルセットの読み方

作り方

　　　ルセットの文と日本語の文の形（単語の順序）の違いをしっかり理解する。

1）不定形が使われる場合

留意点

　1．文法用語では不定形（または不定詞）と言われるが、動詞の原形と考えてもよい

　2．Faire や laisser がつく場合：

　　動詞が自動詞の場合に、使役動詞の faire がついて、「〜する」となるのだが、

　　ルセットではあまり気にしなくて良い。

P.98　　例1　・エシャロットをみじん切りする

　　　　　　　・玉ネギの皮をむく

　　　　例2　・野菜をさいの目に切る

　　　　　　　・ハムを千切りにする

P.99【練習】

　　①オーブンをあらかじめ 200℃に温めておく。

　　②野菜を洗ってきざむ。

　　③オリーブをサラダに混ぜこむ。

④アボカドを縦に2つに割る。

⑤みじん切りにしたエシャロットを、オリーブ油でシュエする（汗をかくように炒める）

⑥ジャガイモを塩ゆでする（塩を入れたお湯でボイルする）。

⑦ソースを煮詰める。

P.100【練習問題】

ニース風サラダ

　　準備　　25分

　　材料4人前

レタス	1個	ツナの缶詰	1缶
トマト	4個	アンチョビのフィレ	12枚
ピーマン	2個	固ゆで卵	2個
キュウリ	1本	黒オリーブ	12個
玉ネギ	2個	バジルの葉	数枚
酢、オリーブ油		塩、胡椒	

①すべての野菜を洗い、水気を切る。レタスの葉をはがす。トマトを8つに切る。
　ピーマンを細切りにする。

②キュウリの皮をむき、（それを）輪切りにする。玉ネギの皮をむき、薄切りにする。
　ツナの身をほぐす。固ゆで卵の殻をむき、櫛形に切る。

③サラダボールに、丁寧に、レタス、トマト、ピーマン、キュウリ、玉ネギ、ツナ、
　オリーブを入れる。

④酢、油、塩、胡椒でヴィネグレットソース（フレンチドレッシング）を作る。サラダ
　にかけ、ゆで卵、アンチョビのフィレ、バジルを飾る。

Leçon 14　　ルセットの読み方

2）動詞の命令形が使われる場合

留意点：

　1. 動詞の語尾が規則変化する場合と不規則変化する場合があるので気をつける。
　　　faites と mettez はよく出てくるので丸覚えする。

　2. 目的語の位置に気をつける。
　　　目的語は動詞の後に"－"でつながれて置かれるが、faire や laisser が加わると2
　　　つの動詞の間に挟まれる。

P.103【練習】

　① 小麦粉と卵を混ぜなさい。

　② ホウレン草の葉の汚れを取りなさい。

③ 鰯の内臓を取り、洗って水気をとりなさい。

④ 寸胴鍋に肉と骨を入れなさい。

⑤ トマトソースを温めなさい。

⑥ サラダを涼しい所で休ませておきなさい。

P.103【練習問題】

1）ラタトゥイユ

① 大き目のフライパンで、玉ねぎとピーマンを油でしんなり炒めなさい。

② ナス、ズッキーニ、にんにくを加えなさい。中火で、2〜3分、かきまぜながら火を通しなさい。

③ トマト、バジル、オレガノを入れ、塩、胡椒をしなさい。沸騰させなさい。

④ 火を弱め、蓋をして、10〜15分間、とろ火で煮なさい。熱いうちにテーブルに出しなさい。

2）カリフラワーのスープ、ココナッツ入り

材料　4人前

カリフラワー	500 g		
洗って薄切りしたポロネギ	1本		
薄切りにしたセロリ	2本		
水気を切ったインゲン豆（缶詰）	300 g		
カレーペースト	大さじ1		
野菜のブイヨン	60cℓ（600 cc）	潰したニンニク	1かけ
油	大さじ2	ココナツクリーム	25cℓ（250 cc）

海塩と挽いた胡椒

セロリとコリアンダーの葉、数枚、浮き身用として

① 片手鍋で油を中火で熱しなさい。ニンニク、ポロネギ、カリフラワー、セロリを加えなさい。

② 全てを中火で5分間炒めなさい。カレーペースト、野菜のブイヨンを加え、そのまま熱し続けなさい。

③ 蓋をし、弱火で約10分加熱し続けなさい。

④ ココナッツクリーム、インゲン豆を加え、好みで塩、胡椒をしなさい。スープを沸騰させないで3分間熱しなさい。

⑤ スープを食卓用のカップ（椀）につぎ分け、浮き身としてセロリとフレッシュコリアンダーの葉を加えなさい。

Leçon 15　　ルセットの読み方

文法のポイント

留意点

1. 定冠詞の《 le, la, l', les 》と代名詞の《 le, la, l', les 》の違いをはっきり理解する。
代名詞は慣れるまでは「それを」、「それらを」と訳す習慣をつけるとよい。練習問題
でその使い方（使われ方）をマスターする。

2. 命令形の場合の代名詞の位置に注意する（特に faire と laisser がつく場合）

単語や文のつなぎ方：《 et 》 と 《 , 》 ついて

単語：複数並べる時は最後に et でつなぐ・・・A, B, C et D

文章：２つの文が続く時は基本的には《 et 》でつなぐが、前の文の中にすでに《 et 》
が使われているときなどは重複をさけるため、《 , 》で文を続ける。
複数の文が続く時は、単語の場合同様に、《 , 》でつなぎ、最後に《 et 》がくる。

P.107【練習】

① 材料を大皿に並べる

② 人参の皮をむき、（それらを）飾り切りする。

③ パンをトーストし、（それに）ニンニクをこすりつける。

④ セロリを千切りにし、（それに）レモン汁をかける。

⑤ アンディーブを洗い、（それらを）細切りにしなさい。

⑥ いんげん豆をゆで、少し冷ましておきなさい（粗熱をとりなさい）。

⑦ 小麦粉と卵と砂糖を混ぜ、（それらを）休ませておきなさい。

⑧ エシャロットをみじん切りし、バターでシュエしなさい。

P.108【練習問題】

1)　　豚のメダイヨン、クリームソース

下準備　15 分　　　　　　　調理時間　10 分

2 人前

豚のメダイヨン（円形の厚切り）（各 90 g）　　　4 切れ

マッシュルーム　　　　　　　　250 g

フォン・ド・ヴォ（仔牛のだし汁）　大さじ　1

小麦粉　　　　　　　　　　　　大さじ　1

さいの目に切った冷やしたバター　20 g

レモン汁　　　　　　　　　　　小さじ　1

エシャロット　2 個、　　　パセリ　1 束

生クリーム　　125 g、　　　バター　40 g

辛口白ワイン　5cℓ（50cc）塩と挽いた胡椒

① マッシュルームの汚れを取り丁寧に洗い、キッチンペーパーで水気を取って、薄く切る。

② パセリを洗い、茎を切り取り、細かくみじん切りにする。エシャロットの皮をむき、薄く切る。肉に塩、胡椒をして小麦粉をつける。

③ フライパンにバターの半分を温め、そこでメダイヨンの両面を強火で炒め、次に、火を弱め、蓋をしてそれぞれの面を2分加熱する。

④ 肉を取り出し、温めた皿に盛り付ける。

⑤ 焼き油を捨て、残りのバターをフライパンに溶かす。そこでエシャロットをエテュベ（蒸し煮）し、マッシュルームを加え、直ちにワインを注ぐ。

⑥ （⑤を）かき混ぜながらフォン・ド・ヴォと生クリームを流し入れる。沸騰させ、レモン汁で香り付けし、ソースを（バターで）仕上げるためによく冷やしたバターを混ぜ込み、パセリのみじん切りを加える。メダイヨンにソースをかける。

P.109

2）ブルゴーニュ風エスカルゴ

① 缶詰のエスカルゴの水気を切り、ぬるま湯ですすぎ、クールブイヨンの中に入れ, 数分間軽く煮たたせなさい。

② 冷ましてから、水切りしなさい。

③ バターとパセリ、ニンニク、エシャロットのみじん切りでファルス（詰め物）を作り、塩、胡椒しなさい。エスカルゴ1個と混ぜ合わせたバターの小さな塊を（それぞれの）殻に入れなさい。

④ 240度のオーブンに入れ、バターがぐつぐつ煮立つまで焼きなさい。

Leçon 16　　ルセットの読み方

P.110

à feu vif	強火で
à feu moyen	中火で
à feu doux	弱火で

資料編

フランスの地方と料理

P.117　　プロヴァンス地方

- Ratatouille（ラタトゥイユ）: ズッキーニ、ナス、トマト、ピーマン、玉ねぎなどをオリーブ油で炒め、煮込んだもの。オードブル、付け合せに用いられる。
- Bouillabaisse（ブイヤベース）: 種々の魚（スズキ、アンコウ、カサゴ、タナゴなど）と海老、かに類、野菜をオリーブ油、ニンニク、タイム、ローリエ、パセリ、フヌイユ、サフランなどと一緒に煮込んだマルセイユ生まれのスープ。

26

- ailloli：すり潰したニンニク、卵黄、オリーブ油で作られる一種のマヨネーズ。
  （アイヨリ）　冷製魚、肉料理に用いられたり、茹でた野菜、鱈、卵に添えられる。
- anchoyade：アンチョビのピュレ（すり潰したアンチョビ、オリーブ油、酢で作る）
  （アンショワイヤド）　をベースにした料理。
- pistou：生のバジル、すり潰したニンニク、オリーブ油で作る薬味。
  （ピストゥ）
- tapenade：すり潰したアンチョビ、黒オリーブ、ケッパーに、オリーブ油、レモン汁
  （タプナドゥ）　を加えた調味料。

P.118　ブルゴーニュ地方
- Coq au vin・・・コッコー　ヴァン（雄鶏の赤ワイン煮）
- Bœuf bourguignon・・・ブッフ　ブルギニョン（牛肉のブルゴーニュ風）
- Sole au chambertin・・・舌平目のシャンベルタン風味
- Escargots à la bourguignonne・・・ブルゴーニュ風エスカルゴ

リヨネ地方
- カワカマスのクネル、ナンチュアソース
- 玉ネギのスープ
- リヨン風サラダ
- ジャンボン　ペルシエ（パセリ入りハムのゼリー寄せ）

P.119　南西部地方
- うなぎのマトロット（うなぎの赤ワイン煮）
- ピペラード（バスク地方の卵料理）
- 牛フィレのペリゴール風
- 若鶏のバスク風
- ポイヤック産乳飲み仔羊のロースト　ローズマリー風味

P.120　ノルマンディ地方
- カン風臓物の煮込み
- 舌平目のノルマンディ風
- シードル風味のアンコウ

ブルターニュ地方
- コトリヤード（ブルターニュ地方のブイヤベース）
- 海の幸の盛り合わせ

P.121　アルザス・ロレーヌ地方
- アルザス風シュークルート・・・シュークルートに豚肉、ハム、ソーセージ、ジャガ

イモなどが盛り合わせられた料理

- フォワグラのパテのパイ包み・・・フォワグラのパテをパイ生地で包んで焼いたもの
- キッシュロレーヌ・・・練りこみ生地にベーコンを散らし、卵、生クリームなどを混ぜ合わせたものを流しいれオーブンで焼いた料理
- ミラベルのタルト・・・アルザス地方特産のミラベル（小粒の黄色のプラム）の入ったタルト

その他の郷土料理

- Cassoulet：ラングドック地方の白いんげん豆と肉の煮込み料理
- Gratin dauphinois：ジャガイモの薄切り、卵、牛乳、生クリーム、おろしチーズをかけてオーブンで焼いたドーフィネ地方のグラタン。
- Aligot：オーベルニュ地方の郷土料理。茹でたジャガイモを潰し、バター、ニンニク、生クリーム、チーズを加え表面を焼いたもの。
- Salade tiède de lentilles du Puy:オーベルニュ地方ル・ピュイの特産物で AOP に認定されているレンズ豆を使ったサラダ。